기적의 10일 초단기 완성

# GO! 독학 중국어 단어장

시원스쿨어학연구소 지음

KB197684

S 시원스쿨닷컴

기적의 10일 초단기 완성

# GO! 독학 중국어 단어장

**초판 1쇄 발행** 2024년 11월 25일

**지은이** 시원스쿨어학연구소
**펴낸곳** (주)에스제이더블유인터내셔널
**펴낸이** 양홍걸 이시원

**홈페이지** china.siwonschool.com
**주소** 서울시 영등포구 영신로 166 시원스쿨
**교재 구입 문의** 02)2014-8151
**고객센터** 02)6409-0878

**ISBN** 979-11-6150-916-7 13720
**Number** 1-410101-28282800-04

기적의 10일 초단기 완성

# GO! 독학 중국어 단어장

시원스쿨어학연구소 지음

S 시원스쿨닷컴

시원스쿨 중국어 홈페이지

전체 MP3 음원

단어 암기 영상

# 목차

# 학습 플랜

## | 10일 학습 플랜 |

| 일자 | 학습 분량 | |
|---|---|---|
| 1일차 | DAY 01 | 60개 |
| 2일차 | DAY 02 | 60개 |
| 3일차 | DAY 03 | 60개 |
| 4일차 | DAY 04 | 60개 |
| 5일차 | DAY 05 | 60개 |
| 6일차 | DAY 06 | 60개 |
| 7일차 | DAY 07 | 60개 |
| 8일차 | DAY 08 | 60개 |
| 9일차 | DAY 09 | 60개 |
| 10일차 | DAY 10 | 60개 |

필수 단어 600개를 학습자의 수준에 맞게
10일, 20일, 30일 학습 플랜으로 학습해 보세요.

| 목표 날짜 | 실행 날짜 |
|---|---|
| 월    일 | 월    일 |
| 월    일 | 월    일 |
| 월    일 | 월    일 |
| 월    일 | 월    일 |
| 월    일 | 월    일 |
| 월    일 | 월    일 |
| 월    일 | 월    일 |
| 월    일 | 월    일 |
| 월    일 | 월    일 |
| 월    일 | 월    일 |

# 학습 플랜

## ‖ 20일 학습 플랜 ‖

| 일자 | 학습 분량 | |
|---|---|---|
| 1일차 | DAY 01 | 30개 |
| 2일차 | | 30개 |
| 3일차 | DAY 02 | 30개 |
| 4일차 | | 30개 |
| 5일차 | DAY 03 | 30개 |
| 6일차 | | 30개 |
| 7일차 | DAY 04 | 30개 |
| 8일차 | | 30개 |
| 9일차 | DAY 05 | 30개 |
| 10일차 | | 30개 |
| 11일차 | DAY 06 | 30개 |
| 12일차 | | 30개 |
| 13일차 | DAY 07 | 30개 |
| 14일차 | | 30개 |
| 15일차 | DAY 08 | 30개 |
| 16일차 | | 30개 |
| 17일차 | DAY 09 | 30개 |
| 18일차 | | 30개 |
| 19일차 | DAY 10 | 30개 |
| 20일차 | | 30개 |

| 목표 날짜 | | 실행 날짜 | |
|---|---|---|---|
| 월 | 일 | 월 | 일 |
| 월 | 일 | 월 | 일 |
| 월 | 일 | 월 | 일 |
| 월 | 일 | 월 | 일 |
| 월 | 일 | 월 | 일 |
| 월 | 일 | 월 | 일 |
| 월 | 일 | 월 | 일 |
| 월 | 일 | 월 | 일 |
| 월 | 일 | 월 | 일 |
| 월 | 일 | 월 | 일 |
| 월 | 일 | 월 | 일 |
| 월 | 일 | 월 | 일 |
| 월 | 일 | 월 | 일 |
| 월 | 일 | 월 | 일 |
| 월 | 일 | 월 | 일 |
| 월 | 일 | 월 | 일 |
| 월 | 일 | 월 | 일 |
| 월 | 일 | 월 | 일 |
| 월 | 일 | 월 | 일 |
| 월 | 일 | 월 | 일 |

# 학습 플랜

## ║30일 학습 플랜║

| 일자 | 학습 분량 | |
|------|-----------|------|
| 1일차 | DAY 01 | 20개 |
| 2일차 | | 20개 |
| 3일차 | | 20개 |
| 4일차 | DAY 02 | 20개 |
| 5일차 | | 20개 |
| 6일차 | | 20개 |
| 7일차 | DAY 03 | 20개 |
| 8일차 | | 20개 |
| 9일차 | | 20개 |
| 10일차 | DAY 04 | 20개 |
| 11일차 | | 20개 |
| 12일차 | | 20개 |
| 13일차 | DAY 05 | 20개 |
| 14일차 | | 20개 |
| 15일차 | | 20개 |
| 16일차 | DAY 06 | 20개 |
| 17일차 | | 20개 |
| 18일차 | | 20개 |
| 19일차 | DAY 07 | 20개 |
| 20일차 | | 20개 |
| 21일차 | | 20개 |
| 22일차 | DAY 08 | 20개 |
| 23일차 | | 20개 |
| 24일차 | | 20개 |
| 25일차 | DAY 09 | 20개 |
| 26일차 | | 20개 |
| 27일차 | | 20개 |
| 28일차 | DAY 10 | 20개 |
| 29일차 | | 20개 |
| 30일차 | | 20개 |

| 목표 날짜 | | 실행 날짜 | |
|---|---|---|---|
| 월 | 일 | 월 | 일 |
| 월 | 일 | 월 | 일 |
| 월 | 일 | 월 | 일 |
| 월 | 일 | 월 | 일 |
| 월 | 일 | 월 | 일 |
| 월 | 일 | 월 | 일 |
| 월 | 일 | 월 | 일 |
| 월 | 일 | 월 | 일 |
| 월 | 일 | 월 | 일 |
| 월 | 일 | 월 | 일 |
| 월 | 일 | 월 | 일 |
| 월 | 일 | 월 | 일 |
| 월 | 일 | 월 | 일 |
| 월 | 일 | 월 | 일 |
| 월 | 일 | 월 | 일 |
| 월 | 일 | 월 | 일 |
| 월 | 일 | 월 | 일 |
| 월 | 일 | 월 | 일 |
| 월 | 일 | 월 | 일 |
| 월 | 일 | 월 | 일 |
| 월 | 일 | 월 | 일 |
| 월 | 일 | 월 | 일 |
| 월 | 일 | 월 | 일 |
| 월 | 일 | 월 | 일 |
| 월 | 일 | 월 | 일 |
| 월 | 일 | 월 | 일 |
| 월 | 일 | 월 | 일 |
| 월 | 일 | 월 | 일 |
| 월 | 일 | 월 | 일 |

# 구성

## 자가점검  학습 전, 알고 있는 단어 사전 점검

**DAY 01** 자가점검

학습일 :　월　일

DAY 01

✓ 아는 단어에 체크 표시해 보세요.

| ✓ | 001 | 阿姨 | āyí | | 011 | 白 | bái |
|---|-----|------|-----|---|-----|-----|------|
| | 002 | 啊 | a | | 012 | 百 | bǎi |
| | 003 | 矮 | ǎi | | 013 | 班 | bān |
| | 004 | 爱 | ài | | 014 | 搬 | bān |
| | 005 | 爱好 | àihào | | 015 | 半 | bàn |
| | 006 | 安静 | ānjìng | | 016 | 办法 | bànfǎ |
| | 007 | 八 | bā | | 017 | 办公室 | bàngōngshì |
| | 008 | 把 | bǎ | | 018 | 帮忙 | bāngmáng |
| | 009 | 吧 | ba | | 019 | 帮助 | bāngzhù |
| | 010 | 爸爸 | bàba | | 020 | 包 | bāo |

## 단어  단어의 품사와 뜻 제시   급수  HSK 1-3급 급수 제시

**DAY 01** 단어

[QR code] TRACK 01

학습일 :　월　일

DAY 01

✓ 다음 단어를 음원을 들으며 학습해 보세요.

| 번호/급수 | 단어 | 병음 | 뜻 |
|---|---|---|---|
| 001 3급 | 阿姨 | āyí | 명 아주머니 |
| 002 3급 | 啊 | a | 조 감탄이나 긍정의 어기를 나타냄 |
| 003 3급 | 矮 | ǎi | 형 (키가) 작다, (높이가) 낮다 |
| 004 1급 | 爱 | ài | 동 사랑하다 |
| 005 3급 | 爱好 | àihào | 명 취미 |
| 006 3급 | 安静 | ānjìng | 형 조용하다 |
| 007 1급 | 八 | bā | 수 8, 여덟 |
| 008 3급 | 把 | bǎ | 개 ~을(를) |
| 009 2급 | 吧 | ba | 조 ~하자, ~해[제안을 나타냄] |
| 010 1급 | 爸爸 | bàba | 명 아빠, 아버지 |
| 011 2급 | 白 | bái | 형 희다 |
| 012 2급 | 百 | bǎi | 수 100, 백 |
| 013 3급 | 班 | bān | 명 반 |
| 014 3급 | 搬 | bān | 동 이사하다 |
| 015 3급 | 半 | bàn | 수 반, 30분 |
| 016 3급 | 办法 | bànfǎ | 명 방법 |
| 017 3급 | 办公室 | bàngōngshì | 명 사무실 |
| 018 2급 | 帮忙 | bāngmáng | 동 돕다, 도와주다 |
| 019 2급 | 帮助 | bāngzhù | 동 돕다 |
| 020 3급 | 包 | bāo | 명동 가방, (물건을) 싸다 |

## 연습문제  다양한 형태의 문제를 풀어보며 학습한 단어 복습

**DAY 01** 연습문제

1. 중국어와 우리말 뜻을 바르게 연결해 보세요.

① 办公室 · · ⓐ 메뉴

② 冰箱 · · ⓑ 사무실

③ 菜单 · · ⓒ 냉장고

2. 우리말 뜻을 보고 알맞은 중국어를 써 보세요.

① 사랑하다 _____

② 지각하다 _____

③ 노트북 _____

3. 다음 빈칸에 들어갈 알맞은 단어를 <보기>에서 찾아 써 보세요.

보기  安静  比较  参加

① 我想_____这次比赛。 나는 이번 시합에 참가하고 싶어.

② 能不能_____(一)点儿? 좀 조용히 해 주실 수 있나요?

③ 这道数学题_____简单。 이 수학 문제는 비교적 간단해.

4. 제시된 단어를 보고 알맞은 우리말 뜻을 써 보세요.

① 报纸 _____

② 帮助 _____

③ 唱歌 _____

○ 빠른 정답
1. ① ⓑ  ② ⓒ  ③ ⓐ  2. ① 爱 ② 迟到 ③ 笔记本  3. ① 参加 ② 安静 ③ 比较
4. ① 신문 ② 돕다 ③ 노래를 부르다

---

## 부록  주요 단어를 주제별로 정리

**자주 출제되는 직업 관련 단어**

| | | |
|---|---|---|
| 学生<br>xuésheng<br>학생 | 老师<br>lǎoshī<br>선생님 | 医生<br>yīshēng<br>의사 |
| 护士<br>hùshi<br>간호사 | 记者<br>jìzhě<br>기자 | 律师<br>lǜshī<br>변호사 |
| 厨师<br>chúshī<br>요리사 | 作家<br>zuòjiā<br>작가 | 秘书<br>mìshū<br>비서 |
| 司机<br>sījī<br>운전기사 | 上班族<br>shàngbānzú<br>회사원 | 警察<br>jǐngchá<br>경찰 |
| 咖啡师<br>kāfēishī<br>바리스타 | 歌手<br>gēshǒu<br>가수 | 演员<br>yǎnyuán<br>배우 |

## INDEX  단어를 알파벳 순으로 정리

### INDEX

**a**

| | | | |
|---|---|---|---|
| 001<br>3급 | 阿姨 | āyí | 명 아주머니 |
| 002<br>3급 | 啊 | a | 조 감탄이나 긍정의 어기를 나타냄 |
| 003<br>3급 | 矮 | ǎi | 형 (키가) 작다, (높이가) 낮다 |
| 004<br>1급 | 爱 | ài | 동 사랑하다 |
| 005<br>3급 | 爱好 | àihào | 명 취미 |
| 006<br>3급 | 安静 | ānjìng | 형 조용하다 |

**b**

| | | | |
|---|---|---|---|
| 007<br>1급 | 八 | bā | 수 8, 여덟 |
| 008<br>3급 | 把 | bǎ | 개 ~을(를) |
| 009<br>2급 | 吧 | ba | 조 ~하자, ~해요[제안을 나타냄] |
| 010<br>1급 | 爸爸 | bàba | 명 아빠, 아버지 |

# DAY 01 자가점검

✓ 아는 단어에 체크 표시해 보세요.

✓ 001 阿姨 āyí

☐ 002 啊 a

☐ 003 矮 ǎi

☐ 004 爱 ài

☐ 005 爱好 àihào

☐ 006 安静 ānjìng

☐ 007 八 bā

☐ 008 把 bǎ

☐ 009 吧 ba

☐ 010 爸爸 bàba

| 011 | 白 | bái |
| 012 | 百 | bǎi |
| 013 | 班 | bān |
| 014 | 搬 | bān |
| 015 | 半 | bàn |
| 016 | 办法 | bànfǎ |
| 017 | 办公室 | bàngōngshì |
| 018 | 帮忙 | bāngmáng |
| 019 | 帮助 | bāngzhù |
| 020 | 包 | bāo |

| | | | |
|---|---|---|---|
| ☐ | 021 | 饱 | bǎo |
| ☐ | 022 | 报纸 | bàozhǐ |
| ☐ | 023 | 杯子 | bēizi |
| ☐ | 024 | 北方 | běifāng |
| ☐ | 025 | 北京 | Běijīng |
| ☐ | 026 | 被 | bèi |
| ☐ | 027 | 本 | běn |
| ☐ | 028 | 鼻子 | bízi |
| ☐ | 029 | 比 | bǐ |
| ☐ | 030 | 笔记本 | bǐjìběn |

| 031 | 比较 | bǐjiào |
| 032 | 比赛 | bǐsài |
| 033 | 必须 | bìxū |
| 034 | 变化 | biànhuà |
| 035 | 别 | bié |
| 036 | 别人 | biérén |
| 037 | 宾馆 | bīnguǎn |
| 038 | 冰箱 | bīngxiāng |
| 039 | 不 | bù |
| 040 | 不但……而且…… | búdàn……érqiě…… |

| | | | |
|---|---|---|---|
| ☐ | 041 | 不客气 | bú kèqi |
| ☐ | 042 | 菜 | cài |
| ☐ | 043 | 菜单 | càidān |
| ☐ | 044 | 参加 | cānjiā |
| ☐ | 045 | 草 | cǎo |
| ☐ | 046 | 层 | céng |
| ☐ | 047 | 茶 | chá |
| ☐ | 048 | 差 | chà |
| ☐ | 049 | 长 | cháng |
| ☐ | 050 | 唱歌 | chànggē |

| 051 | 超市 | chāoshì |
| 052 | 衬衫 | chènshān |
| 053 | 成绩 | chéngjì |
| 054 | 城市 | chéngshì |
| 055 | 吃 | chī |
| 056 | 迟到 | chídào |
| 057 | 出 | chū |
| 058 | 出租车 | chūzūchē |
| 059 | 除了 | chúle |
| 060 | 穿 | chuān |

TRACK 01

✓ 다음 단어를 음원을 들으며 학습해 보세요.

| 001 3급 | 阿姨 | āyí | 몡 아주머니 |

| 002 3급 | 啊 | a | 죄 감탄이나 긍정의 어기를 나타냄 |

| 003 3급 | 矮 | ǎi | 혱 (키가) 작다, (높이가) 낮다 |

| 004 1급 | 爱 | ài | 동 사랑하다 |

| 005 3급 | 爱好 | àihào | 몡 취미 |

| 006 3급 | 安静 | ānjìng | 혱 조용하다 |

| 007 1급 | 八 | bā | 쉬 8, 여덟 |

| 008 3급 | 把 | bǎ | 개 ~을(를) |

| 009 2급 | 吧 | ba | 죄 ~하자, ~해요[제안을 나타냄] |

| 010 1급 | 爸爸 | bàba | 몡 아빠, 아버지 |

| 011 2급 | 白 | bái | 형 희다 |
| 012 2급 | 百 | bǎi | 수 100, 백 |
| 013 3급 | 班 | bān | 명 반 |
| 014 3급 | 搬 | bān | 동 이사하다 |
| 015 3급 | 半 | bàn | 수 반, 30분 |
| 016 3급 | 办法 | bànfǎ | 명 방법 |
| 017 3급 | 办公室 | bàngōngshì | 명 사무실 |
| 018 3급 | 帮忙 | bāngmáng | 동 돕다, 도와주다 |
| 019 2급 | 帮助 | bāngzhù | 동 돕다 |
| 020 3급 | 包 | bāo | 명동 가방, (물건을) 싸다 |

| | | | |
|---|---|---|---|
| **021** 3급 | 饱 | bǎo | 휑 배부르다 |
| **022** 2급 | 报纸 | bàozhǐ | 몡 신문 |
| **023** 1급 | 杯子 | bēizi | 몡 잔, 컵 |
| **024** 3급 | 北方 | běifāng | 몡 북방 |
| **025** 1급 | 北京 | Běijīng | 고유 베이징[중국의 수도] |
| **026** 3급 | 被 | bèi | 껒 ~에 의해 ~당하다 |
| **027** 1급 | 本 | běn | 양 권[책을 세는 단위] |
| **028** 3급 | 鼻子 | bízi | 몡 코 |
| **029** 2급 | 比 | bǐ | 껒 ~보다, ~에 비해 |
| **030** 3급 | 笔记本 | bǐjìběn | 몡 노트북 |

| 031<br>3급 | 比较 | bǐjiào | 🔵 비교적 🟢 비교하다 |
| 032<br>3급 | 比赛 | bǐsài | 🟠🟢 시합(하다) |
| 033<br>3급 | 必须 | bìxū | 🔵 반드시 |
| 034<br>3급 | 变化 | biànhuà | 🟠🟢 변화(하다) |
| 035<br>2급 | 别 | bié | 🔵 ~하지 마라 |
| 036<br>3급 | 别人 | biérén | 🟣 다른 사람 |
| 037<br>2급 | 宾馆 | bīnguǎn | 🟠 호텔 |
| 038<br>3급 | 冰箱 | bīngxiāng | 🟠 냉장고 |
| 039<br>1급 | 不 | bù | 🔵 (~이) 아니다, ~하지 않다 |
| 040<br>3급 | 不但……<br>而且…… | búdàn……<br>érqiě…… | 🟢 ~뿐만 아니라, 게다가 ~하다 |

| 041 1급 | 不客气 | bú kèqi | 천만에요 |
| 042 1급 | 菜 | cài | 몡 음식, 요리 |
| 043 3급 | 菜单 | càidān | 몡 메뉴 |
| 044 3급 | 参加 | cānjiā | 동 참석하다, 참가하다 |
| 045 3급 | 草 | cǎo | 몡 풀 |
| 046 3급 | 层 | céng | 양 층 |
| 047 1급 | 茶 | chá | 몡 차 |
| 048 3급 | 差 | chà | 혱 좋지 않다, 나쁘다 |
| 049 2급 | 长 | cháng | 혱 길다 |
| 050 2급 | 唱歌 | chànggē | 이합 노래를 부르다 |

| 051 3급 | 超市 | chāoshì | 몡 마트, 슈퍼마켓 |
| 052 3급 | 衬衫 | chènshān | 몡 셔츠, 와이셔츠 |
| 053 3급 | 成绩 | chéngjì | 몡 성적 |
| 054 3급 | 城市 | chéngshì | 몡 도시 |
| 055 1급 | 吃 | chī | 동 먹다 |
| 056 3급 | 迟到 | chídào | 몡 지각하다 |
| 057 2급 | 出 | chū | 동 (안에서 밖으로) 나가다, 나오다 |
| 058 1급 | 出租车 | chūzūchē | 몡 택시 |
| 059 3급 | 除了 | chúle | 개 ~을 제외하고, ~외에 |
| 060 2급 | 穿 | chuān | 동 (옷을) 입다 |

1. 중국어와 우리말 뜻을 바르게 연결해 보세요.

① 办公室 ·           · ⓐ 메뉴

② 冰箱 ·           · ⓑ 사무실

③ 菜单 ·           · ⓒ 냉장고

2. 우리말 뜻을 보고 알맞은 중국어를 써 보세요.

① 사랑하다

_____

② 지각하다

_____

③ 노트북

_____

3. 다음 빈칸에 들어갈 알맞은 단어를 <보기>에서 찾아 써 보세요.

보기     安静     比较     参加

① 我想_____这次比赛。 나는 이번 시합에 참가하고 싶어.

② 能不能_____(一)点儿? 좀 조용히 해 주실 수 있나요?

③ 这道数学题_____简单。 이 수학 문제는 비교적 간단해.

4. 제시된 단어를 보고 알맞은 우리말 뜻을 써 보세요.

① 报纸 _____

② 帮助 _____

③ 唱歌 _____

○-빠른 정답

1. ① ⓑ ② ⓒ ③ ⓐ   2. ① 爱 ② 迟到 ③ 笔记本   3. ① 参加 ② 安静 ③ 比较
4. ① 신문 ② 돕다 ③ 노래를 부르다

✓ 아는 단어에 체크 표시해 보세요.

✔ 061 船 chuán

062 春 chūn

063 词典 cídiǎn

064 次 cì

065 聪明 cōngmíng

066 从 cóng

067 错 cuò

068 打电话 dǎ diànhuà

069 打篮球 dǎ lánqiú

070 打扫 dǎsǎo

| 071 | 打算 | dǎsuan |
| 072 | 大 | dà |
| 073 | 大家 | dàjiā |
| 074 | 带 | dài |
| 075 | 担心 | dānxīn |
| 076 | 蛋糕 | dàngāo |
| 077 | 当然 | dāngrán |
| 078 | 到 | dào |
| 079 | 地 | de |
| 080 | 的 | de |

| | | | |
|---|---|---|---|
| ☐ | 081 | 得 | de |
| ☐ | 082 | 灯 | dēng |
| ☐ | 083 | 等 | děng |
| ☐ | 084 | 弟弟 | dìdi |
| ☐ | 085 | 地方 | dìfang |
| ☐ | 086 | 地铁 | dìtiě |
| ☐ | 087 | 地图 | dìtú |
| ☐ | 088 | 第一 | dì-yī |
| ☐ | 089 | 点 | diǎn |
| ☐ | 090 | 电脑 | diànnǎo |

| 091 | 电视 | diànshì |
| 092 | 电梯 | diàntī |
| 093 | 电影 | diànyǐng |
| 094 | 电子邮件 | diànzǐ yóujiàn |
| 095 | 东 | dōng |
| 096 | 冬 | dōng |
| 097 | 东西 | dōngxi |
| 098 | 懂 | dǒng |
| 099 | 动物 | dòngwù |
| 100 | 都 | dōu |

| | | | |
|---|---|---|---|
| ☐ | 101 | 读 | dú |
| ☐ | 102 | 短 | duǎn |
| ☐ | 103 | 段 | duàn |
| ☐ | 104 | 锻炼 | duànliàn |
| ☐ | 105 | 对 | duì 형 |
| ☐ | 106 | 对 | duì 개 |
| ☐ | 107 | 对不起 | duìbuqǐ |
| ☐ | 108 | 多 | duō |
| ☐ | 109 | 多么 | duōme |
| ☐ | 110 | 多少 | duōshao |

| | | |
|---|---|---|
| 111 | 饿 | è |
| 112 | 儿子 | érzi |
| 113 | 耳朵 | ěrduo |
| 114 | 二 | èr |
| 115 | 发 | fā |
| 116 | 发烧 | fāshāo |
| 117 | 发现 | fāxiàn |
| 118 | 饭店 | fàndiàn |
| 119 | 方便 | fāngbiàn |
| 120 | 房间 | fángjiān |

TRACK 02

다음 단어를 음원을 들으며 학습해 보세요.

| 061 3급 | 船 | chuán | 몡 배, 선박 |
| 062 3급 | 春 | chūn | 몡 봄 |
| 063 3급 | 词典 | cídiǎn | 몡 사전 |
| 064 2급 | 次 | cì | 얭 번, 횟수 |
| 065 3급 | 聪明 | cōngmíng | 몡 똑똑하다, 총명하다 |
| 066 2급 | 从 | cóng | 꽤 ~부터 |
| 067 2급 | 错 | cuò | 혱 틀리다, 맞지 않다 |
| 068 1급 | 打电话 | dǎ diànhuà | 전화를 걸다 |
| 069 2급 | 打篮球 | dǎ lánqiú | 농구를 하다 |
| 070 3급 | 打扫 | dǎsǎo | 동 청소하다 |

071 打算 dǎsuan ⑧ ~할 계획이다, ~할 예정이다
3급

072 大 dà ⑱ 크다. (수량이) 많다
1급

073 大家 dàjiā ⑪ 모두
2급

074 带 dài ⑧ 가지다, (몸에) 지니다
3급

075 担心 dānxīn ⑧ 걱정하다
3급

076 蛋糕 dàngāo ⑲ 케이크
3급

077 当然 dāngrán ⑨ 당연히, 물론
3급

078 到 dào ⑧ 도착하다
2급

079 地 de ㉣ 술어를 연결하는 역할을 함
3급

080 的 de ㉣ ~의
1급

| 081 2급 | 得 | de | ㉗ 술어와 보어를 연결해 주는 역할을 함 |
| 082 3급 | 灯 | dēng | ⑲ 등 |
| 083 2급 | 等 | děng | ⑧ 기다리다 |
| 084 3급 | 弟弟 | dìdi | ⑲ 남동생 |
| 085 3급 | 地方 | dìfang | ⑲ 곳, 장소 |
| 086 3급 | 地铁 | dìtiě | ⑲ 지하철 |
| 087 3급 | 地图 | dìtú | ⑲ 지도 |
| 088 2급 | 第一 | dì-yī | ㉜ 첫 번째 |
| 089 1급 | 点 | diǎn | ㉱ (시간의) 시 |
| 090 1급 | 电脑 | diànnǎo | ⑲ 컴퓨터 |

| 091 1급 | 电视 | diànshì | 몡 텔레비전 |
| 092 3급 | 电梯 | diàntī | 몡 엘리베이터 |
| 093 1급 | 电影 | diànyǐng | 몡 영화 |
| 094 3급 | 电子邮件 | diànzǐ yóujiàn | 몡 이메일, 전자우편 |
| 095 3급 | 东 | dōng | 몡 동(쪽) |
| 096 3급 | 冬 | dōng | 몡 겨울 |
| 097 1급 | 东西 | dōngxi | 몡 물건 |
| 098 2급 | 懂 | dǒng | 동 이해하다 |
| 099 3급 | 动物 | dòngwù | 몡 동물 |
| 100 1급 | 都 | dōu | 뷔 모두, 다 |

| 101<br>1급 | 读 | dú | 동 읽다, 공부하다 |
| 102<br>3급 | 短 | duǎn | 형 짧다 |
| 103<br>3급 | 段 | duàn | 양 사물이나 시간 등의 한 구간을<br>나타냄 |
| 104<br>3급 | 锻炼 | duànliàn | 동 운동하다, 단련하다 |
| 105<br>2급 | 对 | duì | 형 맞다, 옳다 |
| 106<br>2급 | 对 | duì | 개 ~에게, ~에 대하여 |
| 107<br>1급 | 对不起 | duìbuqǐ | 동 죄송합니다 |
| 108<br>1급 | 多 | duō | 형 많다 |
| 109<br>3급 | 多么 | duōme | 부 얼마나 |
| 110<br>1급 | 多少 | duōshao | 대 얼마, 몇 |

| 111 3급 | 饿 | è | 형 배고프다 |
| 112 1급 | 儿子 | érzi | 명 아들 |
| 113 3급 | 耳朵 | ěrduo | 명 귀 |
| 114 1급 | 二 | èr | 수 2, 둘 |
| 115 3급 | 发 | fā | 동 보내다 |
| 116 3급 | 发烧 | fāshāo | 동 열이 나다 |
| 117 3급 | 发现 | fāxiàn | 동 발견하다 |
| 118 1급 | 饭店 | fàndiàn | 명 식당, 레스토랑, 호텔 |
| 119 3급 | 方便 | fāngbiàn | 형 편리하다 |
| 120 2급 | 房间 | fángjiān | 명 방 |

1. 중국어와 우리말 뜻을 바르게 연결해 보세요.

① 担心 ·　　　· ⓐ 이해하다

② 懂 ·　　　· ⓑ 걱정하다

③ 方便 ·　　　· ⓒ 편리하다

2. 우리말 뜻을 보고 알맞은 중국어를 써 보세요.

① 청소하다 　　　＿＿＿＿＿＿＿＿＿＿＿＿＿＿

② 물건 　　　＿＿＿＿＿＿＿＿＿＿＿＿＿＿

③ 배고프다 　　　＿＿＿＿＿＿＿＿＿＿＿＿＿＿

3. 다음 빈칸에 들어갈 알맞은 단어를 <보기>에서 찾아 써 보세요.

**보기**  发烧  打算  电影

① 明天你＿＿＿＿＿干什么？ 내일 너는 무엇을 할 계획이니?

② 昨天我看了一部＿＿＿＿＿。 어제 나는 영화 한 편을 봤어.

③ 你的脸怎么这么红？是不是＿＿＿＿＿了？
네 얼굴 왜 이렇게 빨개? 열나는 것 아니야?

4. 제시된 단어를 보고 알맞은 우리말 뜻을 써 보세요.

① 锻炼 ＿＿＿＿＿＿＿＿＿＿＿＿＿＿＿

② 电视 ＿＿＿＿＿＿＿＿＿＿＿＿＿＿＿

③ 打电话 ＿＿＿＿＿＿＿＿＿＿＿＿＿＿＿

☑ 아는 단어에 체크 표시해 보세요.

| | | | |
|---|---|---|---|
| ✔ | 121 | 放 | fàng |
| | 122 | 放心 | fàngxīn |
| | 123 | 非常 | fēicháng |
| | 124 | 飞机 | fēijī |
| | 125 | 分 | fēn |
| | 126 | 分钟 | fēnzhōng |
| | 127 | 服务员 | fúwùyuán |
| | 128 | 附近 | fùjìn |
| | 129 | 复习 | fùxí |
| | 130 | 干净 | gānjìng |

DAY 03

| 131 | 感冒 | gǎnmào |
| 132 | 感兴趣 | gǎn xìngqù |
| 133 | 刚才 | gāngcái |
| 134 | 高 | gāo |
| 135 | 高兴 | gāoxìng |
| 136 | 告诉 | gàosu |
| 137 | 哥哥 | gēge |
| 138 | 个子 | gèzi |
| 139 | 个 | ge |
| 140 | 给 | gěi |

| | | | |
|---|---|---|---|
| ☐ | 141 | 跟 | gēn |
| ☐ | 142 | 根据 | gēnjù |
| ☐ | 143 | 更 | gèng |
| ☐ | 144 | 公共汽车 | gōnggòng qìchē |
| ☐ | 145 | 公斤 | gōngjīn |
| ☐ | 146 | 公司 | gōngsī |
| ☐ | 147 | 公园 | gōngyuán |
| ☐ | 148 | 工作 | gōngzuò |
| ☐ | 149 | 狗 | gǒu |
| ☐ | 150 | 故事 | gùshi |

| 151 | 刮风 | guāfēng |
|---|---|---|
| 152 | 关 | guān |
| 153 | 关系 | guānxi |
| 154 | 关心 | guānxīn |
| 155 | 关于 | guānyú |
| 156 | 贵 | guì |
| 157 | 国家 | guójiā |
| 158 | 过 | guò 동 |
| 159 | 过去 | guòqù |
| 160 | 过 | guo 조 |

| | | | |
|---|---|---|---|
| ☐ | 161 | 还 | hái |
| ☐ | 162 | 还是 | háishi |
| ☐ | 163 | 孩子 | háizi |
| ☐ | 164 | 害怕 | hàipà |
| ☐ | 165 | 汉语 | Hànyǔ |
| ☐ | 166 | 好 | hǎo |
| ☐ | 167 | 好吃 | hǎochī |
| ☐ | 168 | 号 | hào |
| ☐ | 169 | 喝 | hē |
| ☐ | 170 | 和 | hé |

| 171 | 黑 | hēi |
| 172 | 黑板 | hēibǎn |
| 173 | 很 | hěn |
| 174 | 红 | hóng |
| 175 | 后来 | hòulái |
| 176 | 后面 | hòumiàn |
| 177 | 护照 | hùzhào |
| 178 | 花 | huā 명 |
| 179 | 花 | huā 동 |
| 180 | 画 | huà |

✔ 다음 단어를 음원을 들으며 학습해 보세요.

| | | | |
|---|---|---|---|
| **121** 3급 | 放 | fàng | 동 넣다 |
| **122** 3급 | 放心 | fàngxīn | 동 안심하다, 마음을 놓다 |
| **123** 2급 | 非常 | fēicháng | 부 아주, 대단히 |
| **124** 1급 | 飞机 | fēijī | 명 비행기 |
| **125** 3급 | 分 | fēn | 동 나누다, 분류하다 |
| **126** 1급 | 分钟 | fēnzhōng | 명 (시간의) 분 |
| **127** 2급 | 服务员 | fúwùyuán | 명 종업원 |
| **128** 3급 | 附近 | fùjìn | 명 근처, 부근 |
| **129** 3급 | 复习 | fùxí | 동 복습하다 |
| **130** 3급 | 干净 | gānjìng | 형 깨끗하다 |

| | | | |
|---|---|---|---|
| 131<br>3급 | 感冒 | gǎnmào | (동)감기에 걸리다 |
| 132<br>3급 | 感兴趣 | gǎn xìngqù | 흥미를 느끼다, 관심을 갖다 |
| 133<br>3급 | 刚才 | gāngcái | (명)방금, 막 |
| 134<br>2급 | 高 | gāo | (형)(키가) 크다, 높다 |
| 135<br>1급 | 高兴 | gāoxìng | (형)기쁘다, 즐겁다 |
| 136<br>2급 | 告诉 | gàosu | (동)알리다, 말하다 |
| 137<br>2급 | 哥哥 | gēge | (명)형, 오빠 |
| 138<br>3급 | 个子 | gèzi | (명)키 |
| 139<br>1급 | 个 | ge | (양)명, 개 |
| 140<br>2급 | 给 | gěi | (동)주다 |

| 141 3급 | 跟 | gēn | 깨 ~와(과) |
| 142 3급 | 根据 | gēnjù | 깨 ~에 따라, ~에 근거하여 |
| 143 3급 | 更 | gèng | 부 더, 더욱 |
| 144 2급 | 公共汽车 | gōnggòng qìchē | 명 버스 |
| 145 3급 | 公斤 | gōngjīn | 양 kg, 킬로그램 |
| 146 2급 | 公司 | gōngsī | 명 회사 |
| 147 3급 | 公园 | gōngyuán | 명 공원 |
| 148 1급 | 工作 | gōngzuò | 명 일, 직장 동 일하다 |
| 149 1급 | 狗 | gǒu | 명 개 |
| 150 3급 | 故事 | gùshi | 명 이야기 |

| 151<br>3급 | 刮风 | guāfēng | (이합) 바람이 불다 |
| 152<br>3급 | 关 | guān | (동) 닫다 |
| 153<br>3급 | 关系 | guānxi | (명) 관계 |
| 154<br>3급 | 关心 | guānxīn | (동) 관심을 갖다. 관심을 기울이다 |
| 155<br>3급 | 关于 | guānyú | (개) ~에 관해 |
| 156<br>2급 | 贵 | guì | (형) 비싸다 |
| 157<br>3급 | 国家 | guójiā | (명) 국가, 나라 |
| 158<br>3급 | 过 | guò | (동) 지나다, 보내다 |
| 159<br>3급 | 过去 | guòqù | (명) 과거 |
| 160<br>2급 | 过 | guo | (조) ~한 적 있다 |

| | | | |
|---|---|---|---|
| **161** **2급** 还 | hái | (부) 아직, 여전히 | |
| **162** **3급** 还是 | háishi | (부) ~하는 편이 좋다 | |
| **163** **2급** 孩子 | háizi | (명) 아이, 자녀 | |
| **164** **3급** 害怕 | hàipà | (동) 무서워하다, 두려워하다 | |
| **165** **1급** 汉语 | Hànyǔ | (명) 중국어 | |
| **166** **1급** 好 | hǎo | (형) 좋다 | |
| **167** **2급** 好吃 | hǎochī | (형) 맛있다 | |
| **168** **1급** 号 | hào | (양) 일[날짜를 나타냄] | |
| **169** **1급** 喝 | hē | (동) 마시다 | |
| **170** **1급** 和 | hé | (개) ~와(과) | |

| 171 <br> 2급 | 黑 | hēi | 형 어둡다, 까맣다 |
| 172 <br> 3급 | 黑板 | hēibǎn | 명 칠판 |
| 173 <br> 1급 | 很 | hěn | 부 매우 |
| 174 <br> 2급 | 红 | hóng | 형 빨갛다, 붉다 |
| 175 <br> 3급 | 后来 | hòulái | 명 후에, 그 뒤에, 그 다음에 |
| 176 <br> 1급 | 后面 | hòumiàn | 명 뒤쪽, 뒷면 |
| 177 <br> 3급 | 护照 | hùzhào | 명 여권 |
| 178 <br> 3급 | 花 | huā | 명 꽃 |
| 179 <br> 3급 | 花 | huā | 동 (돈이나 시간을) 쓰다 |
| 180 <br> 3급 | 画 | huà | 동 (그림을) 그리다 |

1. 중국어와 우리말 뜻을 바르게 연결해 보세요.

① 公园 · · ⓐ 깨끗하다

② 干净 · · ⓑ 칠판

③ 黑板 · · ⓒ 공원

2. 우리말 뜻을 보고 알맞은 중국어를 써 보세요.

① 마시다

_____

② 비행기

_____

③ 국가, 나라

_____

3. 다음 빈칸에 들어갈 알맞은 단어를 <보기>에서 찾아 써 보세요.

보기  护照    跟    附近

① 我想_____你谈谈。 나는 너와 이야기하고 싶어.

② 请出示您的_____。 여권을 제시해 주세요.

③ 这_____有百货店吗？ 이 근처에 백화점이 있나요?

4. 제시된 단어를 보고 알맞은 우리말 뜻을 써 보세요.

① 刮风
_____

② 告诉
_____

③ 害怕
_____

○─빠른 정답

**1.** ① ⓒ ② ⓓ ③ ⓐ  **2.** ① 喝 ② 飞机 ③ 国家  **3.** ① 跟 ② 护照 ③ 附近
**4.** ① 바람이 불다 ② 알리다, 말하다 ③ 무서워하다, 두려워하다

✓ 아는 단어에 체크 표시해 보세요.

| | | | |
|---|---|---|---|
| ✓ | 181 | 坏 | huài |
| | 182 | 欢迎 | huānyíng |
| | 183 | 还 | huán |
| | 184 | 环境 | huánjìng |
| | 185 | 换 | huàn |
| | 186 | 黄河 | Huánghé |
| | 187 | 回 | huí |
| | 188 | 回答 | huídá |
| | 189 | 会 | huì |
| | 190 | 会议 | huìyì |

| 191 | 火车站 | huǒchē zhàn |
| 192 | 或者 | huòzhě |
| 193 | 机场 | jīchǎng |
| 194 | 鸡蛋 | jīdàn |
| 195 | 几乎 | jīhū |
| 196 | 机会 | jīhuì |
| 197 | 极 | jí |
| 198 | 几 | jǐ |
| 199 | 记得 | jìde |
| 200 | 季节 | jìjié |

DAY 04

| | | | |
|---|---|---|---|
| ☐ | 201 | 家 | jiā |
| ☐ | 202 | 检查 | jiǎnchá |
| ☐ | 203 | 简单 | jiǎndān |
| ☐ | 204 | 件 | jiàn |
| ☐ | 205 | 健康 | jiànkāng |
| ☐ | 206 | 见面 | jiànmiàn |
| ☐ | 207 | 讲 | jiǎng |
| ☐ | 208 | 教 | jiāo |
| ☐ | 209 | 角 | jiǎo |
| ☐ | 210 | 脚 | jiǎo |

| | | |
|---|---|---|
| 211 | 叫 | jiào |
| 212 | 教室 | jiàoshì |
| 213 | 接 | jiē |
| 214 | 街道 | jiēdào |
| 215 | 结婚 | jiéhūn |
| 216 | 节目 | jiémù |
| 217 | 节日 | jiérì |
| 218 | 结束 | jiéshù |
| 219 | 姐姐 | jiějie |
| 220 | 解决 | jiějué |

| | | | |
|---|---|---|---|
| ☐ | 221 | 借 | jiè |
| ☐ | 222 | 介绍 | jièshào |
| ☐ | 223 | 今天 | jīntiān |
| ☐ | 224 | 进 | jìn |
| ☐ | 225 | 近 | jìn |
| ☐ | 226 | 经常 | jīngcháng |
| ☐ | 227 | 经过 | jīngguò |
| ☐ | 228 | 经理 | jīnglǐ |
| ☐ | 229 | 九 | jiǔ |
| ☐ | 230 | 久 | jiǔ |

| | | |
|---|---|---|
| 231 | 旧 | jiù |
| 232 | 就 | jiù |
| 233 | 句子 | jùzi |
| 234 | 觉得 | juéde |
| 235 | 决定 | juédìng |
| 236 | 咖啡 | kāfēi |
| 237 | 开 | kāi |
| 238 | 开始 | kāishǐ |
| 239 | 看 | kàn |
| 240 | 看见 | kànjiàn |

DAY 04

TRACK 04

✔️ 다음 단어를 음원을 들으며 학습해 보세요.

| | | | |
|---|---|---|---|
| 181<br>3급 | 坏 | huài | 동 고장 나다 |
| 182<br>3급 | 欢迎 | huānyíng | 동 환영하다 |
| 183<br>3급 | 还 | huán | 동 반납하다, 돌려주다, 갚다 |
| 184<br>3급 | 环境 | huánjìng | 명 환경 |
| 185<br>3급 | 换 | huàn | 동 바꾸다 |
| 186<br>3급 | 黄河 | Huánghé | 고유 황허, 황하 |
| 187<br>1급 | 回 | huí | 동 돌아가다 |
| 188<br>3급 | 回答 | huídá | 명 동 대답(하다) |
| 189<br>1급 | 会 | huì | 조동 ~할 줄 알다, ~할 수 있다 |
| 190<br>3급 | 会议 | huìyì | 명 회의 |

DAY 04

| | | | |
|---|---|---|---|
| 191 2급 | 火车站 | huǒchē zhàn | 명 기차역 |
| 192 3급 | 或者 | huòzhě | 접 혹은, 또는 |
| 193 2급 | 机场 | jīchǎng | 명 공항 |
| 194 2급 | 鸡蛋 | jīdàn | 명 계란, 달걀 |
| 195 3급 | 几乎 | jīhū | 부 거의 |
| 196 3급 | 机会 | jīhuì | 명 기회 |
| 197 3급 | 极 | jí | 부 몹시, 아주 |
| 198 1급 | 几 | jǐ | 대 몇 |
| 199 3급 | 记得 | jìde | 동 기억하다 |
| 200 3급 | 季节 | jìjié | 명 계절 |

| 201 1급 | 家 | jiā | 똉 집 |
| 202 3급 | 检查 | jiǎnchá | 통 검사하다, 점검하다 |
| 203 3급 | 简单 | jiǎndān | 형 간단하다, 단순하다 |
| 204 2급 | 件 | jiàn | 양 벌[옷을 세는 단위] |
| 205 3급 | 健康 | jiànkāng | 형 건강하다 |
| 206 3급 | 见面 | jiànmiàn | 통 만나다 |
| 207 3급 | 讲 | jiǎng | 통 강의하다, 설명하다 |
| 208 3급 | 教 | jiāo | 통 가르치다 |
| 209 3급 | 角 | jiǎo | 똉 (짐승의) 뿔 |
| 210 3급 | 脚 | jiǎo | 똉 발 |

| 211<br>1급 | 叫 | jiào | ⑧ (이름을) ~라고 하다, 부르다 |
| 212<br>2급 | 教室 | jiàoshì | ⑲ 교실 |
| 213<br>3급 | 接 | jiē | ⑧ 마중하다, 맞이하다 |
| 214<br>3급 | 街道 | jiēdào | ⑲ (길)거리 |
| 215<br>3급 | 结婚 | jiéhūn | ⑧ 결혼하다 |
| 216<br>3급 | 节目 | jiémù | ⑲ 프로그램 |
| 217<br>3급 | 节日 | jiérì | ⑲ 기념일, 명절 |
| 218<br>3급 | 结束 | jiéshù | ⑧ 끝나다, 마치다 |
| 219<br>2급 | 姐姐 | jiějie | ⑲ 누나, 언니 |
| 220<br>3급 | 解决 | jiějué | ⑧ 해결하다 |

| 221 3급 | 借 | jiè | 图 빌리다, 빌려주다 |
| 222 2급 | 介绍 | jièshào | 图 소개하다 |
| 223 1급 | 今天 | jīntiān | 圆 오늘 |
| 224 2급 | 进 | jìn | 图 들어오다, 들어가다 |
| 225 2급 | 近 | jìn | 圈 가깝다 |
| 226 3급 | 经常 | jīngcháng | 閈 자주, 늘 |
| 227 3급 | 经过 | jīngguò | 图 (장소, 시간 등을) 거치다, 지나다 |
| 228 3급 | 经理 | jīnglǐ | 圆 사장, 매니저 |
| 229 1급 | 九 | jiǔ | ㊛ 9, 아홉 |
| 230 3급 | 久 | jiǔ | 圈 오래다, (시간이) 길다 |

| 231 3급 | 旧 | jiù | (형) 낡다, 오래 되다 |
| 232 2급 | 就 | jiù | (부) 바로 |
| 233 3급 | 句子 | jùzi | (명) 문장 |
| 234 2급 | 觉得 | juéde | (동) ~라고 생각하다, ~라고 느끼다 |
| 235 3급 | 决定 | juédìng | (명)(동) 결정(하다) |
| 236 2급 | 咖啡 | kāfēi | (명) 커피 |
| 237 1급 | 开 | kāi | (동) (문을) 열다 |
| 238 2급 | 开始 | kāishǐ | (동) 시작하다 |
| 239 1급 | 看 | kàn | (동) 보다 |
| 240 1급 | 看见 | kànjiàn | (동) 보다, 보이다 |

DAY 04

1. 중국어와 우리말 뜻을 바르게 연결해 보세요.

❶ 机会   ·　　　　　　·　ⓐ 해결하다

❷ 解决   ·　　　　　　·　ⓑ 기회

❸ 开始   ·　　　　　　·　ⓒ 시작하다

2. 우리말 뜻을 보고 알맞은 중국어를 써 보세요.

❶ 회의

_____

❷ 교실

_____

❸ 가깝다

_____

3. 다음 빈칸에 들어갈 알맞은 단어를 <보기>에서 찾아 써 보세요.

보기          结束     经常     或者

① 冰的＿＿＿＿＿热的都可以。 차가운 것이나 뜨거운 것이나 모두 괜찮아.

② 暑假快要＿＿＿＿＿了。 여름 방학이 곧 끝나가.

③ 我周末＿＿＿＿＿去旅游。 나는 주말에 자주 여행을 가.

4. 제시된 단어를 보고 알맞은 우리말 뜻을 써 보세요.

① 借 ＿＿＿＿＿＿＿＿＿＿＿＿＿＿＿

② 环境 ＿＿＿＿＿＿＿＿＿＿＿＿＿＿＿

③ 健康 ＿＿＿＿＿＿＿＿＿＿＿＿＿＿＿

DAY 04

○─빠른 정답

1. ① ⓑ ② ⓐ ③ ⓒ   2. ① 会议 ② 教室 ③ 近   3. ① 或者 ② 结束 ③ 经常
4. ① 빌리다, 빌려주다 ② 환경 ③ 건강하다

✓ 아는 단어에 체크 표시해 보세요.

| | | | |
|---|---|---|---|
| ✔ | 241 | 考试 | kǎoshì |
| | 242 | 渴 | kě |
| | 243 | 可爱 | kě'ài |
| | 244 | 可能 | kěnéng |
| | 245 | 可以 | kěyǐ |
| | 246 | 刻 | kè |
| | 247 | 课 | kè |
| | 248 | 客人 | kèrén |
| | 249 | 空调 | kōngtiáo |
| | 250 | 口 | kǒu |

| 251 | 哭 | kū |
| 252 | 裤子 | kùzi |
| 253 | 块 | kuài |
| 254 | 快 | kuài |
| 255 | 快乐 | kuàilè |
| 256 | 筷子 | kuàizi |
| 257 | 来 | lái |
| 258 | 蓝 | lán |
| 259 | 老 | lǎo |
| 260 | 老师 | lǎoshī |

DAY 05

| | | | |
|---|---|---|---|
| ☐ | 261 | 了 | le |
| ☐ | 262 | 累 | lèi |
| ☐ | 263 | 冷 | lěng |
| ☐ | 264 | 离 | lí |
| ☐ | 265 | 离开 | líkāi |
| ☐ | 266 | 礼物 | lǐwù |
| ☐ | 267 | 历史 | lìshǐ |
| ☐ | 268 | 里 | li |
| ☐ | 269 | 脸 | liǎn |
| ☐ | 270 | 练习 | liànxí |

| 271 | 两 | liǎng |
| 272 | 辆 | liàng |
| 273 | 聊天 | liáotiān |
| 274 | 了解 | liǎojiě |
| 275 | 邻居 | línjū |
| 276 | 零 | líng |
| 277 | 留学 | liúxué |
| 278 | 六 | liù |
| 279 | 楼 | lóu |
| 280 | 路 | lù |

| | | | |
|---|---|---|---|
| ☐ | 281 | 旅游 | lǚyóu |
| ☐ | 282 | 绿 | lǜ |
| ☐ | 283 | 妈妈 | māma |
| ☐ | 284 | 马 | mǎ |
| ☐ | 285 | 马上 | mǎshàng |
| ☐ | 286 | 吗 | ma |
| ☐ | 287 | 买 | mǎi |
| ☐ | 288 | 卖 | mài |
| ☐ | 289 | 满意 | mǎnyì |
| ☐ | 290 | 慢 | màn |

| 291 | 忙 | máng |
| 292 | 猫 | māo |
| 293 | 帽子 | màozi |
| 294 | 没关系 | méi guānxi |
| 295 | 没有 | méiyǒu |
| 296 | 每 | měi |
| 297 | 妹妹 | mèimei |
| 298 | 门 | mén |
| 299 | 米 | mǐ |
| 300 | 米饭 | mǐfàn |

✓ 다음 단어를 음원을 들으며 학습해 보세요.

| 241 2급 | 考试 | kǎoshì | 명 시험 동 시험을 보다 |
|---|---|---|---|
| 242 3급 | 渴 | kě | 형 목마르다 |
| 243 3급 | 可爱 | kě'ài | 형 귀엽다 |
| 244 2급 | 可能 | kěnéng | 부 아마도 |
| 245 2급 | 可以 | kěyǐ | 조동 ~할 수 있다, ~해도 된다 |
| 246 3급 | 刻 | kè | 양 15분 |
| 247 2급 | 课 | kè | 명 수업 |
| 248 3급 | 客人 | kèrén | 명 손님 |
| 249 3급 | 空调 | kōngtiáo | 명 에어컨 |
| 250 3급 | 口 | kǒu | 명 입 |

| | | | |
|---|---|---|---|
| 251 3급 | 哭 | kū | 동 울다 |
| 252 3급 | 裤子 | kùzi | 명 바지 |
| 253 1급 | 块 | kuài | 양 위안[중국의 화폐 단위] |
| 254 2급 | 快 | kuài | 형 빠르다 |
| 255 2급 | 快乐 | kuàilè | 형 즐겁다, 유쾌하다 |
| 256 3급 | 筷子 | kuàizi | 명 젓가락 |
| 257 1급 | 来 | lái | 동 오다 |
| 258 3급 | 蓝 | lán | 형 남색의 |
| 259 3급 | 老 | lǎo | 형 나이 먹다, 늙다 |
| 260 1급 | 老师 | lǎoshī | 명 선생님 |

DAY 05

| | | | |
|---|---|---|---|
| **261**<br>**1급** 了 | le | 조 ~했다 |
| **262**<br>**2급** 累 | lèi | 형 피곤하다 |
| **263**<br>**1급** 冷 | lěng | 형 춥다 |
| **264**<br>**2급** 离 | lí | 개 ~에서, ~로부터 |
| **265**<br>**3급** 离开 | líkāi | 동 떠나다 |
| **266**<br>**3급** 礼物 | lǐwù | 명 선물 |
| **267**<br>**3급** 历史 | lìshǐ | 명 역사 |
| **268**<br>**1급** 里 | li | 명 안, 속 |
| **269**<br>**3급** 脸 | liǎn | 명 얼굴 |
| **270**<br>**3급** 练习 | liànxí | 명 동 연습(하다) |

| 271 2급 | 两 | liǎng | 至 2, 둘 |
| 272 3급 | 辆 | liàng | 曾 대[차량을 셀 때 쓰는 단위] |
| 273 3급 | 聊天 | liáotiān | 居 이야기하다 |
| 274 3급 | 了解 | liǎojiě | 居 이해하다, 알다 |
| 275 3급 | 邻居 | línjū | 명 이웃 사람, 이웃(집) |
| 276 2급 | 零 | líng | 至 0, 영 |
| 277 3급 | 留学 | liúxué | 居 유학하다 |
| 278 1급 | 六 | liù | 至 6, 여섯 |
| 279 3급 | 楼 | lóu | 명 건물, 층 |
| 280 2급 | 路 | lù | 명 길 |

DAY 05

| 281 2급 | 旅游 | lǚyóu | (동) 여행하다 |
| 282 3급 | 绿 | lǜ | (형) 푸르다 |
| 283 1급 | 妈妈 | māma | (명) 엄마, 어머니 |
| 284 3급 | 马 | mǎ | (명) 말 |
| 285 3급 | 马上 | mǎshàng | (부) 곧, 즉시 |
| 286 1급 | 吗 | ma | (조) ~이니?, ~입니까? |
| 287 1급 | 买 | mǎi | (동) 사다 |
| 288 2급 | 卖 | mài | (동) 팔다 |
| 289 3급 | 满意 | mǎnyì | (동) 만족하다 |
| 290 2급 | 慢 | màn | (형) 느리다 |

| | | | |
|---|---|---|---|
| 291 2급 | 忙 | máng | 휑 바쁘다 |
| 292 1급 | 猫 | māo | 똉 고양이 |
| 293 3급 | 帽子 | màozi | 똉 모자 |
| 294 1급 | 没关系 | méi guānxi | 괜찮다 |
| 295 1급 | 没有 | méiyǒu | 똉 없다. ~을 가지고 있지 않다 |
| 296 2급 | 每 | měi | 똖 매, ~마다 |
| 297 2급 | 妹妹 | mèimei | 똉 여동생 |
| 298 2급 | 门 | mén | 똉 문 |
| 299 3급 | 米 | mǐ | 똉 쌀 |
| 300 1급 | 米饭 | mǐfàn | 똉 (쌀)밥 |

1. 중국어와 우리말 뜻을 바르게 연결해 보세요.

① 空调 · · ⓐ 떠나다

② 离开 · · ⓑ 에어컨

③ 忙 · · ⓒ 바쁘다

2. 우리말 뜻을 보고 알맞은 중국어를 써 보세요.

① 모자

_____

② 귀엽다

_____

③ 피곤하다

_____

3. 다음 빈칸에 들어갈 알맞은 단어를 <보기>에서 찾아 써 보세요.

**보기**    慢    练习    可以

① _____ 帮我一下吗？ 좀 도와주실 수 있나요?

② 我每天都 _____ 弹钢琴。 나는 매일 피아노 연습을 해.

③ 今天网速好 _____。 오늘 인터넷 속도가 엄청 느려.

4. 제시된 단어를 보고 알맞은 우리말 뜻을 써 보세요.

① 渴    _____

② 卖    _____

③ 聊天    _____

DAY 05

**○─빠른 정답**

**1.** ① ⓑ  ② ⓒ  ③ ⓒ    **2.** ① 帽子 ② 可爱 ③ 累    **3.** ① 可以 ② 练习 ③ 慢
**4.** ① 목마르다 ② 팔다 ③ 이야기하다

✓ 아는 단어에 체크 표시해 보세요.

| | | | |
|---|---|---|---|
| ✔ | 301 | 面包 | miànbāo |
| | 302 | 面条 | miàntiáo |
| | 303 | 明白 | míngbai |
| | 304 | 明天 | míngtiān |
| | 305 | 名字 | míngzi |
| | 306 | 拿 | ná |
| | 307 | 哪 | nǎ |
| | 308 | 哪儿 | nǎr |
| | 309 | 那 | nà |
| | 310 | 奶奶 | nǎinai |

| 311 | 男 | nán |
| 312 | 南 | nán |
| 313 | 难 | nán |
| 314 | 难过 | nánguò |
| 315 | 呢 | ne |
| 316 | 能 | néng |
| 317 | 你 | nǐ |
| 318 | 年 | nián |
| 319 | 年级 | niánjí |
| 320 | 年轻 | niánqīng |

| 321 | 鸟 | niǎo |
| 322 | 您 | nín |
| 323 | 牛奶 | niúnǎi |
| 324 | 努力 | nǔlì |
| 325 | 女 | nǔ |
| 326 | 女儿 | nǔ'ér |
| 327 | 爬山 | páshān |
| 328 | 盘子 | pánzi |
| 329 | 旁边 | pángbiān |
| 330 | 胖 | pàng |

| 331 | 跑步 | pǎobù |
| 332 | 朋友 | péngyou |
| 333 | 啤酒 | píjiǔ |
| 334 | 皮鞋 | píxié |
| 335 | 便宜 | piányi |
| 336 | 票 | piào |
| 337 | 漂亮 | piàoliang |
| 338 | 苹果 | píngguǒ |
| 339 | 瓶子 | píngzi |
| 340 | 七 | qī |

| | | | |
|---|---|---|---|
| ☐ | 341 | 妻子 | qīzi |
| ☐ | 342 | 骑 | qí |
| ☐ | 343 | 奇怪 | qíguài |
| ☐ | 344 | 其实 | qíshí |
| ☐ | 345 | 其他 | qítā |
| ☐ | 346 | 起床 | qǐchuáng |
| ☐ | 347 | 起飞 | qǐfēi |
| ☐ | 348 | 起来 | qǐlai |
| ☐ | 349 | 千 | qiān |
| ☐ | 350 | 铅笔 | qiānbǐ |

| 351 | 钱 | qián |
| 352 | 前面 | qiánmiàn |
| 353 | 清楚 | qīngchu |
| 354 | 晴 | qíng |
| 355 | 请 | qǐng |
| 356 | 请假 | qǐngjià |
| 357 | 秋 | qiū |
| 358 | 去 | qù |
| 359 | 去年 | qùnián |
| 360 | 裙子 | qúnzi |

TRACK 06

다음 단어를 음원을 들으며 학습해 보세요.

| 301 3급 | 面包 | miànbāo | 명 빵, 베이커리 |
| 302 2급 | 面条 | miàntiáo | 명 국수 |
| 303 3급 | 明白 | míngbai | 동 이해하다, 알다 |
| 304 1급 | 明天 | míngtiān | 명 내일 |
| 305 1급 | 名字 | míngzi | 명 이름 |
| 306 3급 | 拿 | ná | 동 (손으로) 잡다 |
| 307 1급 | 哪 | nǎ | 대 어느 |
| 308 1급 | 哪儿 | nǎr | 대 어디 |
| 309 1급 | 那 | nà | 대 그(것), 저(것) |
| 310 3급 | 奶奶 | nǎinai | 명 할머니 |

| 311 2급 | 男 | nán | 몡 남자, 남성 |
| 312 3급 | 南 | nán | 몡 남(쪽) |
| 313 3급 | 难 | nán | 혱 어렵다 |
| 314 3급 | 难过 | nánguò | 혱 괴롭다, 슬프다 |
| 315 1급 | 呢 | ne | 죄 ~하고 있다, 강조를 나타냄 |
| 316 1급 | 能 | néng | 조동 ~할 수 있다 |
| 317 1급 | 你 | nǐ | 때 너, 당신 |
| 318 1급 | 年 | nián | 몡 년, 해 |
| 319 3급 | 年级 | niánjí | 몡 학년 |
| 320 3급 | 年轻 | niánqīng | 혱 젊다 |

DAY 06

| 321 3급 | 鸟 | niǎo | 몡 새 |
| 322 2급 | 您 | nín | 떼 당신[你의 존칭] |
| 323 2급 | 牛奶 | niúnǎi | 몡 우유 |
| 324 3급 | 努力 | nǔlì | 통 노력하다, 힘쓰다 |
| 325 2급 | 女 | nǚ | 몡 여자 |
| 326 1급 | 女儿 | nǚ'ér | 몡 딸 |
| 327 3급 | 爬山 | páshān | 이합 등산하다, 산에 올라가다 |
| 328 3급 | 盘子 | pánzi | 몡 쟁반 |
| 329 2급 | 旁边 | pángbiān | 몡 옆, 곁 |
| 330 3급 | 胖 | pàng | 휑 살찌다, 뚱뚱하다 |

| 331<br>2급 | 跑步 | pǎobù | 동 조깅하다, 달리기하다 |
| 332<br>1급 | 朋友 | péngyou | 명 친구 |
| 333<br>3급 | 啤酒 | píjiǔ | 명 맥주 |
| 334<br>3급 | 皮鞋 | píxié | 명 가죽구두 |
| 335<br>2급 | 便宜 | piányi | 형 (값이) 저렴하다, 싸다 |
| 336<br>2급 | 票 | piào | 명 표 |
| 337<br>1급 | 漂亮 | piàoliang | 형 예쁘다 |
| 338<br>1급 | 苹果 | píngguǒ | 명 사과 |
| 339<br>3급 | 瓶子 | píngzi | 명 병 |
| 340<br>1급 | 七 | qī | 수 7, 일곱 |

| | | | |
|---|---|---|---|
| **341** 2급 妻子 | qīzi | 몧 아내 |
| **342** 3급 骑 | qí | 톰 (말, 자전거 등을) 타다 |
| **343** 3급 奇怪 | qíguài | 휑 이상하다 |
| **344** 3급 其实 | qíshí | 휫 사실은 |
| **345** 3급 其他 | qítā | 떼 기타, 그 외 |
| **346** 2급 起床 | qǐchuáng | 톰 일어나다, 기상하다 |
| **347** 3급 起飞 | qǐfēi | 톰 (비행기가) 이륙하다 |
| **348** 3급 起来 | qǐlai | 톰 일어나다, 일어서다 |
| **349** 2급 千 | qiān | 첫 1000, 천 |
| **350** 2급 铅笔 | qiānbǐ | 몧 연필 |

| 351<br>1급 | 钱 | qián | 몡 돈 |
| 352<br>1급 | 前面 | qiánmiàn | 몡 앞쪽, 앞면 |
| 353<br>3급 | 清楚 | qīngchu | 톙 분명하다, 뚜렷하다 |
| 354<br>2급 | 晴 | qíng | 톙 맑다 |
| 355<br>1급 | 请 | qǐng | 됭 요청하다, 초대하다, 한턱내다 |
| 356<br>3급 | 请假 | qǐngjià | 됭 휴가를 신청하다 |
| 357<br>3급 | 秋 | qiū | 몡 가을 |
| 358<br>1급 | 去 | qù | 됭 가다 |
| 359<br>2급 | 去年 | qùnián | 몡 작년 |
| 360<br>3급 | 裙子 | qúnzi | 몡 치마 |

DAY 06

1. 중국어와 우리말 뜻을 바르게 연결해 보세요.

❶    年轻    ·      · ⓐ    옆, 곁

❷    旁边    ·      · ⓑ    젊다

❸    铅笔    ·      · ⓒ    연필

2. 우리말 뜻을 보고 알맞은 중국어를 써 보세요.

❶ 국수

_____

❷ 사과

_____

❸ 치마

_____

3. 다음 빈칸에 들어갈 알맞은 단어를 <보기>에서 찾아 써 보세요.

**보기**   努力   年级   起床

❶ 我儿子今年小学一_____。 우리 아들은 올해 초등학교 1학년이야.

❷ 学生应该_____学习。 학생은 마땅히 열심히 공부해야 해.

❸ 要迟到了，快_____吧！ 지각하겠어. 빨리 일어나!

4. 제시된 단어를 보고 알맞은 우리말 뜻을 써 보세요.

❶ 难
_____

❷ 爬山
_____

❸ 请假
_____

DAY 06

○─빠른 정답

**1.** ① ⓑ ② ⓐ ③ ⓒ   **2.** ① 面条 ② 苹果 ③ 裙子   **3.** ① 年级 ② 努力 ③ 起床
**4.** ① 어렵다 ② 등산하다, 산에 올라가다 ③ 휴가를 신청하다

✔ 아는 단어에 체크 표시해 보세요.

| | | | |
|---|---|---|---|
| ✔ | 361 | 然后 | ránhòu |
| | 362 | 让 | ràng |
| | 363 | 热 | rè |
| | 364 | 热情 | rèqíng |
| | 365 | 人 | rén |
| | 366 | 认识 | rènshi |
| | 367 | 认为 | rènwéi |
| | 368 | 认真 | rènzhēn |
| | 369 | 日 | rì |
| | 370 | 容易 | róngyì |

| 371 | 如果 | rúguǒ |
| 372 | 三 | sān |
| 373 | 伞 | sǎn |
| 374 | 商店 | shāngdiàn |
| 375 | 上 | shàng |
| 376 | 上班 | shàngbān |
| 377 | 上网 | shàngwǎng |
| 378 | 上午 | shàngwǔ |
| 379 | 少 | shǎo |
| 380 | 谁 | shéi |

DAY 07

| | | | |
|---|---|---|---|
| ☐ | 381 | 身体 | shēntǐ |
| ☐ | 382 | 什么 | shénme |
| ☐ | 383 | 生病 | shēngbìng |
| ☐ | 384 | 生气 | shēngqì |
| ☐ | 385 | 生日 | shēngrì |
| ☐ | 386 | 声音 | shēngyīn |
| ☐ | 387 | 十 | shí |
| ☐ | 388 | 时候 | shíhou |
| ☐ | 389 | 时间 | shíjiān |
| ☐ | 390 | 试 | shì |

| | | |
|---|---|---|
| 391 | 是 | shì |
| 392 | 世界 | shìjiè |
| 393 | 事情 | shìqing |
| 394 | 手表 | shǒubiǎo |
| 395 | 手机 | shǒujī |
| 396 | 瘦 | shòu |
| 397 | 书 | shū |
| 398 | 舒服 | shūfu |
| 399 | 叔叔 | shūshu |
| 400 | 树 | shù |

DAY 07

| | | | |
|---|---|---|---|
| 401 | 数学 | shùxué |
| 402 | 刷牙 | shuāyá |
| 403 | 双 | shuāng |
| 404 | 水 | shuǐ |
| 405 | 水果 | shuǐguǒ |
| 406 | 水平 | shuǐpíng |
| 407 | 睡觉 | shuìjiào |
| 408 | 说 | shuō |
| 409 | 说话 | shuōhuà |
| 410 | 司机 | sījī |

| 411 | 四 | sì |
| 412 | 送 | sòng |
| 413 | 虽然······<br>但是······ | suīrán······dànshì······ |
| 414 | 岁 | suì |
| 415 | 他 | tā |
| 416 | 她 | tā |
| 417 | 它 | tā |
| 418 | 太 | tài |
| 419 | 太阳 | tàiyáng |
| 420 | 特别 | tèbié |

DAY 07

✓ 다음 단어를 음원을 들으며 학습해 보세요.

**361** **3급** 然后 ránhòu 접 그런 다음, 그런 후에

**362** **2급** 让 ràng 동 ~로 하여금 ~하게 하다

**363** **1급** 热 rè 형 덥다

**364** **3급** 热情 rèqíng 형 친절하다, 열정적이다

**365** **1급** 人 rén 명 사람

**366** **1급** 认识 rènshi 동 (사람끼리 서로) 알다

**367** **3급** 认为 rènwéi 동 생각하다, 여기다

**368** **3급** 认真 rènzhēn 형 진지하다, 성실하다

**369** **2급** 日 rì 명 일[날짜를 가리킴]

**370** **3급** 容易 róngyì 형 쉽다

| 371 3급 | 如果 | rúguǒ | 젭 만약 ~라면 |
| 372 1급 | 三 | sān | 仝 3, 셋 |
| 373 3급 | 伞 | sǎn | 뗑 우산 |
| 374 1급 | 商店 | shāngdiàn | 뗑 상점 |
| 375 1급 | 上 | shàng | 뗑 위, 지난 |
| 376 2급 | 上班 | shàngbān | 동 출근하다 |
| 377 3급 | 上网 | shàngwǎng | 동 인터넷에 접속하다 |
| 378 1급 | 上午 | shàngwǔ | 뗑 오전 |
| 379 1급 | 少 | shǎo | 혱 적다 |
| 380 1급 | 谁 | shéi | 덴 누가, 누구 |

DAY 07

| 381 2급 | 身体 | shēntǐ | 몡 몸, 건강 |
| 382 1급 | 什么 | shénme | 때 무엇, 무슨 |
| 383 2급 | 生病 | shēngbìng | 동 병이 나다 |
| 384 3급 | 生气 | shēngqì | 동 화내다 |
| 385 2급 | 生日 | shēngrì | 몡 생일 |
| 386 3급 | 声音 | shēngyīn | 몡 (목)소리 |
| 387 1급 | 十 | shí | 윤 10, 열 |
| 388 1급 | 时候 | shíhou | 몡 때, 무렵 |
| 389 2급 | 时间 | shíjiān | 몡 시간 |
| 390 3급 | 试 | shì | 동 시도하다, 시험 삼아 해 보다 |

| 391 1급 | 是 | shì | 동 ~이다 |
| 392 3급 | 世界 | shìjiè | 명 세계 |
| 393 2급 | 事情 | shìqing | 명 일 |
| 394 2급 | 手表 | shǒubiǎo | 명 손목시계 |
| 395 2급 | 手机 | shǒujī | 명 휴대 전화 |
| 396 3급 | 瘦 | shòu | 형 마르다, 여위다 |
| 397 1급 | 书 | shū | 명 책 |
| 398 3급 | 舒服 | shūfu | 형 편안하다 |
| 399 3급 | 叔叔 | shūshu | 명 삼촌, 아저씨 |
| 400 3급 | 树 | shù | 명 나무 |

DAY 07

| 401 3급 | 数学 | shùxué | 몡 수학 |
|---|---|---|---|
| 402 3급 | 刷牙 | shuāyá | 이합 이를 닦다 |
| 403 3급 | 双 | shuāng | 양 켤레, 쌍 |
| 404 1급 | 水 | shuǐ | 몡 물 |
| 405 1급 | 水果 | shuǐguǒ | 몡 과일 |
| 406 3급 | 水平 | shuǐpíng | 몡 실력, 수준 |
| 407 1급 | 睡觉 | shuìjiào | 통 잠을 자다 |
| 408 1급 | 说 | shuō | 통 말하다 |
| 409 2급 | 说话 | shuōhuà | 통 말하다, 이야기하다 |
| 410 3급 | 司机 | sījī | 몡 기사 |

| 411 1급 | 四 | sì | ㈜ 4, 넷 |
| 412 2급 | 送 | sòng | ⑧ 선물하다, 주다 |
| 413 2급 | 虽然……<br>但是…… | suīrán……<br>dànshì…… | ㉤ 비록 ~일지라도, 그러나 ~하다 |
| 414 1급 | 岁 | suì | ⑳ 살, 세[나이를 세는 단위] |
| 415 1급 | 他 | tā | ㈹ 그 |
| 416 1급 | 她 | tā | ㈹ 그녀 |
| 417 2급 | 它 | tā | ㈹ 그(것), 저(것) |
| 418 1급 | 太 | tài | ㈜ 너무 |
| 419 3급 | 太阳 | tàiyáng | ⑲ 태양 |
| 420 3급 | 特别 | tèbié | ㈜ 아주, 특히 |

1. 중국어와 우리말 뜻을 바르게 연결해 보세요.

① 容易 ·                    · ⓐ 수학

② 事情 ·                    · ⓑ 쉽다

③ 数学 ·                    · ⓒ 일

2. 우리말 뜻을 보고 알맞은 중국어를 써 보세요.

① 덥다

_____

② 잠을 자다

_____

③ 병이 나다

_____

3. 다음 빈칸에 들어갈 알맞은 단어를 <보기>에서 찾아 써 보세요.

보기

生气　　　虽然　　　谁

① 这是_____的手机？ 이것은 누구의 휴대 전화야?

② 你别_____，先冷静一下。 화내지 말고, 우선 좀 진정해.

③ _____汉语很难，但是很有意思。 비록 중국어는 어렵지만 재미있어.

4. 제시된 단어를 보고 알맞은 우리말 뜻을 써 보세요.

① 瘦
　　　_____

② 上网
　　　_____

③ 说话
　　　_____

○ 빠른 정답

**1.** ① ⓑ ② ② ③ ⓓ　**2.** ① 热 ② 睡觉 ③ 生病　**3.** ① 谁 ② 生气 ③ 虽然
**4.** ① 마르다, 여위다 ② 인터넷에 접속하다 ③ 말하다, 이야기하다

✓ 아는 단어에 체크 표시해 보세요.

| | | | |
|---|---|---|---|
| ☐ | 421 | 疼 | téng |
| ☐ | 422 | 踢足球 | tī zúqiú |
| ☐ | 423 | 题 | tí |
| ☐ | 424 | 提高 | tígāo |
| ☐ | 425 | 体育 | tǐyù |
| ☐ | 426 | 天气 | tiānqì |
| ☐ | 427 | 甜 | tián |
| ☐ | 428 | 条 | tiáo |
| ☐ | 429 | 跳舞 | tiàowǔ |
| ☐ | 430 | 听 | tīng |

| 431 | 同事 | tóngshì |
| 432 | 同学 | tóngxué |
| 433 | 同意 | tóngyì |
| 434 | 头发 | tóufa |
| 435 | 突然 | tūrán |
| 436 | 图书馆 | túshūguǎn |
| 437 | 腿 | tuǐ |
| 438 | 外 | wài |
| 439 | 完 | wán |
| 440 | 玩 | wán |

DAY 08

| | | |
|---|---|---|
| 441 | 完成 | wánchéng |
| 442 | 碗 | wǎn |
| 443 | 晚上 | wǎnshang |
| 444 | 万 | wàn |
| 445 | 往 | wǎng |
| 446 | 忘记 | wàngjì |
| 447 | 喂 | wéi |
| 448 | 位 | wèi |
| 449 | 为 | wèi |
| 450 | 为了 | wèile |

| 451 | 为什么 | wèi shénme |
| 452 | 文化 | wénhuà |
| 453 | 问 | wèn |
| 454 | 问题 | wèntí |
| 455 | 我 | wǒ |
| 456 | 我们 | wǒmen |
| 457 | 五 | wǔ |
| 458 | 西 | xī |
| 459 | 西瓜 | xīguā |
| 460 | 希望 | xīwàng |

| | | | |
|---|---|---|---|
| 461 | 习惯 | xíguàn |
| 462 | 洗 | xǐ |
| 463 | 喜欢 | xǐhuan |
| 464 | 洗手间 | xǐshǒujiān |
| 465 | 洗澡 | xǐzǎo |
| 466 | 夏 | xià |
| 467 | 下 | xià |
| 468 | 下午 | xiàwǔ |
| 469 | 下雨 | xiàyǔ |
| 470 | 先 | xiān |

| 471 | 先生 | xiānsheng |
|---|---|---|
| 472 | 现在 | xiànzài |
| 473 | 香蕉 | xiāngjiāo |
| 474 | 相信 | xiāngxìn |
| 475 | 想 | xiǎng |
| 476 | 向 | xiàng |
| 477 | 像 | xiàng |
| 478 | 小 | xiǎo |
| 479 | 小姐 | xiǎojiě |
| 480 | 小时 | xiǎoshí |

DAY 08

TRACK 08

✓ 다음 단어를 음원을 들으며 학습해 보세요.

| 421 3급 | 疼 | téng | 동 아프다 |

| 422 2급 | 踢足球 | tī zúqiú | 축구를 하다 |

| 423 2급 | 题 | tí | 명 문제 |

| 424 3급 | 提高 | tígāo | 동 향상시키다, 높이다 |

| 425 3급 | 体育 | tǐyù | 명 체육 |

| 426 1급 | 天气 | tiānqì | 명 날씨 |

| 427 3급 | 甜 | tián | 형 (맛이) 달다 |

| 428 3급 | 条 | tiáo | 양 가늘고 긴 것을 세는 단위 |

| 429 2급 | 跳舞 | tiàowǔ | 동 춤을 추다 |

| 430 1급 | 听 | tīng | 동 듣다 |

| 431 3급 | 同事 | tóngshì | 명 동료, 동업자 |
| 432 1급 | 同学 | tóngxué | 명 반 학생, 반 친구, 학우 |
| 433 3급 | 同意 | tóngyì | 동 동의하다 |
| 434 3급 | 头发 | tóufa | 명 머리카락 |
| 435 3급 | 突然 | tūrán | 부 갑자기 |
| 436 3급 | 图书馆 | túshūguǎn | 명 도서관 |
| 437 3급 | 腿 | tuǐ | 명 다리 |
| 438 2급 | 外 | wài | 명 밖, 바깥 |
| 439 2급 | 完 | wán | 동 다하다, 완성하다, 끝내다 |
| 440 2급 | 玩 | wán | 동 (컴퓨터를 하고) 놀다 |

DAY 08

| 441 3급 | 完成 | wánchéng | (동) 끝내다, 완성하다 |
| 442 3급 | 碗 | wǎn | (명)(양) 그릇 |
| 443 2급 | 晚上 | wǎnshang | (명) 밤, 저녁 |
| 444 3급 | 万 | wàn | (수) 10000, 만 |
| 445 2급 | 往 | wǎng | (개) ~쪽으로, ~을 향해 |
| 446 3급 | 忘记 | wàngjì | (동) 잊어버리다 |
| 447 1급 | 喂 | wéi | (감탄) 여보세요 |
| 448 3급 | 位 | wèi | (양) 분[존칭] |
| 449 3급 | 为 | wèi | (개) ~을 위해서, ~에게 |
| 450 3급 | 为了 | wèile | (개) ~을 위하여 |

| 451 2급 | 为什么 | wèi shénme | 때 왜, 어째서 |
|---|---|---|---|
| 452 3급 | 文化 | wénhuà | 명 문화 |
| 453 2급 | 问 | wèn | 동 묻다 |
| 454 2급 | 问题 | wèntí | 명 문제 |
| 455 1급 | 我 | wǒ | 때 나 |
| 456 1급 | 我们 | wǒmen | 때 우리(들) |
| 457 1급 | 五 | wǔ | 수 5, 다섯 |
| 458 3급 | 西 | xī | 명 서(쪽) |
| 459 2급 | 西瓜 | xīguā | 명 수박 |
| 460 2급 | 希望 | xīwàng | 동 희망하다 |

DAY 08

| 461 3급 | 习惯 | xíguàn | 동 익숙해지다, 습관이 되다 |
| 462 2급 | 洗 | xǐ | 동 씻다, 세탁하다 |
| 463 1급 | 喜欢 | xǐhuan | 동 좋아하다 |
| 464 3급 | 洗手间 | xǐshǒujiān | 명 화장실 |
| 465 3급 | 洗澡 | xǐzǎo | 동 샤워하다, 목욕하다 |
| 466 3급 | 夏 | xià | 명 여름 |
| 467 1급 | 下 | xià | 명 아래, 다음, 나중 |
| 468 1급 | 下午 | xiàwǔ | 명 오후 |
| 469 1급 | 下雨 | xiàyǔ | 이합 비가 내리다, 비가 오다 |
| 470 3급 | 先 | xiān | 부 먼저, 우선 |

| 471 1급 | 先生 | xiānsheng | 몡 선생, 씨(성인 남자에 대한 존칭) |
| 472 1급 | 现在 | xiànzài | 몡 지금, 현재 |
| 473 3급 | 香蕉 | xiāngjiāo | 몡 바나나 |
| 474 3급 | 相信 | xiāngxìn | 동 믿다 |
| 475 1급 | 想 | xiǎng | 조동 ~하고 싶다 |
| 476 3급 | 向 | xiàng | 개 ~에게 |
| 477 3급 | 像 | xiàng | 동 닮다 |
| 478 1급 | 小 | xiǎo | 혱 작다 |
| 479 1급 | 小姐 | xiǎojiě | 몡 아가씨, ~양 |
| 480 2급 | 小时 | xiǎoshí | 몡 시간 |

DAY 08

1. 중국어와 우리말 뜻을 바르게 연결해 보세요.

① 文化 ·          · ⓐ 동의하다

② 同意 ·          · ⓑ 문화

③ 相信 ·          · ⓒ 믿다

2. 우리말 뜻을 보고 알맞은 중국어를 써 보세요.

① 오후

_____

② 밤, 저녁

_____

③ 춤을 추다

_____

3. 다음 빈칸에 들어갈 알맞은 단어를 <보기>에서 찾아 써 보세요.

보기      向      玩      甜

① 我不太喜欢吃＿＿＿＿＿＿的。 나는 단 것을 별로 안 좋아해.

② 你最近＿＿＿＿＿什么游戏？ 너 요즘 무슨 게임 해?

③ 我们应该＿＿＿＿＿他道歉。 우리는 그에게 사과해야 해.

4. 제시된 단어를 보고 알맞은 우리말 뜻을 써 보세요.

① 忘记
＿＿＿＿＿＿＿＿＿＿＿＿＿＿＿

② 洗澡
＿＿＿＿＿＿＿＿＿＿＿＿＿＿＿

③ 踢足球
＿＿＿＿＿＿＿＿＿＿＿＿＿＿＿

DAY 08

◯─빠른 정답

**1.** ① ⓑ ② ⓐ ③ ⓒ   **2.** ① 下午 ② 晚上 ③ 跳舞   **3.** ① 甜 ② 玩 ③ 向
**4.** ① 잊어버리다 ② 샤워하다, 목욕하다 ③ 축구를 하다

아는 단어에 체크 표시해 보세요.

| 481 | 小心 | xiǎoxīn |
| 482 | 笑 | xiào |
| 483 | 校长 | xiàozhǎng |
| 484 | 些 | xiē |
| 485 | 写 | xiě |
| 486 | 谢谢 | xièxie |
| 487 | 新 | xīn |
| 488 | 新闻 | xīnwén |
| 489 | 新鲜 | xīnxiān |
| 490 | 信用卡 | xìnyòngkǎ |

| 491 | 星期 | xīngqī |
| 492 | 行李箱 | xínglixiāng |
| 493 | 姓 | xìng |
| 494 | 熊猫 | xióngmāo |
| 495 | 休息 | xiūxi |
| 496 | 需要 | xūyào |
| 497 | 选择 | xuǎnzé |
| 498 | 学生 | xuésheng |
| 499 | 学习 | xuéxí |
| 500 | 学校 | xuéxiào |

DAY 09

| | | | |
|---|---|---|---|
| ☐ | 501 | 雪 | xuě |
| ☐ | 502 | 颜色 | yánsè |
| ☐ | 503 | 眼睛 | yǎnjing |
| ☐ | 504 | 羊肉 | yángròu |
| ☐ | 505 | 要求 | yāoqiú |
| ☐ | 506 | 药 | yào |
| ☐ | 507 | 要 | yào |
| ☐ | 508 | 爷爷 | yéye |
| ☐ | 509 | 也 | yě |
| ☐ | 510 | 一 | yī |

| 511 | 衣服 | yīfu |
| 512 | 医生 | yīshēng |
| 513 | 医院 | yīyuàn |
| 514 | 一定 | yídìng |
| 515 | 一共 | yígòng |
| 516 | 一会儿 | yíhuìr |
| 517 | 一下 | yíxià |
| 518 | 一样 | yíyàng |
| 519 | 已经 | yǐjīng |
| 520 | 以前 | yǐqián |

DAY 09

| | | | |
|---|---|---|---|
| ☐ | 521 | 椅子 | yǐzi |
| ☐ | 522 | 一般 | yìbān |
| ☐ | 523 | 一边 | yìbiān |
| ☐ | 524 | 一点儿 | yìdiǎnr |
| ☐ | 525 | 一起 | yìqǐ |
| ☐ | 526 | 意思 | yìsi |
| ☐ | 527 | 一直 | yìzhí |
| ☐ | 528 | 阴 | yīn |
| ☐ | 529 | 因为······<br>所以······ | yīnwèi······<br>suǒyǐ······ |
| ☐ | 530 | 音乐 | yīnyuè |

| | | |
|---|---|---|
| 531 | 银行 | yínháng |
| 532 | 饮料 | yǐnliào |
| 533 | 应该 | yīnggāi |
| 534 | 影响 | yǐngxiǎng |
| 535 | 用 | yòng |
| 536 | 游戏 | yóuxì |
| 537 | 游泳 | yóuyǒng |
| 538 | 有 | yǒu |
| 539 | 有名 | yǒumíng |
| 540 | 又 | yòu |

DAY 09

TRACK 09

✔️ 다음 단어를 음원을 들으며 학습해 보세요.

| | | | |
|---|---|---|---|
| **481** 3급 | 小心 | xiǎoxīn | 동 조심하다, 주의하다 |
| **482** 2급 | 笑 | xiào | 동 웃다 |
| **483** 3급 | 校长 | xiàozhǎng | 명 교장 |
| **484** 1급 | 些 | xiē | 양 약간, 조금 |
| **485** 1급 | 写 | xiě | 동 (글씨를) 쓰다 |
| **486** 1급 | 谢谢 | xièxie | 동 감사합니다 |
| **487** 2급 | 新 | xīn | 형 새로운, 새롭다 |
| **488** 3급 | 新闻 | xīnwén | 명 뉴스 |
| **489** 3급 | 新鲜 | xīnxiān | 형 신선하다 |
| **490** 3급 | 信用卡 | xìnyòngkǎ | 명 신용카드 |

| | | | |
|---|---|---|---|
| 491<br>1급 | 星期 | xīngqī | 몡 요일, 주 |
| 492<br>3급 | 行李箱 | xínglixiāng | 몡 트렁크, 여행용 가방 |
| 493<br>2급 | 姓 | xìng | 동 성이 ~이다 |
| 494<br>3급 | 熊猫 | xióngmāo | 몡 판다 |
| 495<br>2급 | 休息 | xiūxi | 동 쉬다, 휴식하다 |
| 496<br>3급 | 需要 | xūyào | 동 필요로 하다 |
| 497<br>3급 | 选择 | xuǎnzé | 동 선택하다 |
| 498<br>1급 | 学生 | xuésheng | 몡 학생 |
| 499<br>1급 | 学习 | xuéxí | 동 공부하다, 배우다 |
| 500<br>1급 | 学校 | xuéxiào | 몡 학교 |

DAY 09

| 501 2급 | 雪 | xuě | 몡 (내리는) 눈 |
| 502 2급 | 颜色 | yánsè | 몡 색, 색깔 |
| 503 2급 | 眼睛 | yǎnjing | 몡 눈 |
| 504 2급 | 羊肉 | yángròu | 몡 양고기 |
| 505 3급 | 要求 | yāoqiú | 됭 요구하다, 요청하다 |
| 506 2급 | 药 | yào | 몡 약 |
| 507 2급 | 要 | yào | 조됭 ~하려고 하다, ~할 것이다 |
| 508 3급 | 爷爷 | yéye | 몡 할아버지 |
| 509 2급 | 也 | yě | 閈 ~도, 역시 |
| 510 1급 | 一 | yī | 쉬 1, 하나 |

| 511 1급 | 衣服 | yīfu | 몡 옷 |
| 512 1급 | 医生 | yīshēng | 몡 의사 |
| 513 1급 | 医院 | yīyuàn | 몡 병원 |
| 514 3급 | 一定 | yídìng | 틧 꼭, 반드시 |
| 515 3급 | 一共 | yígòng | 틧 모두, 전부 |
| 516 3급 | 一会儿 | yíhuìr | 수량 좀, 잠시 |
| 517 2급 | 一下 | yíxià | 수량 좀 ~하다, 한번 ~해 보다 |
| 518 3급 | 一样 | yíyàng | 휑 같다 |
| 519 2급 | 已经 | yǐjīng | 틧 이미, 벌써 |
| 520 3급 | 以前 | yǐqián | 몡 예전, 이전 |

DAY 09

| 521 1급 | 椅子 | yǐzi | 몡 의자 |
| 522 3급 | 一般 | yìbān | 휑 일반적이다 |
| 523 3급 | 一边 | yìbiān | 튀 ~하면서 ~하다 |
| 524 1급 | 一点儿 | yìdiǎnr | 수량 조금, 약간 |
| 525 2급 | 一起 | yìqǐ | 튀 같이, 함께 |
| 526 2급 | 意思 | yìsi | 몡 뜻, 의미 |
| 527 3급 | 一直 | yìzhí | 튀 줄곧 |
| 528 2급 | 阴 | yīn | 휑 흐리다 |
| 529 2급 | 因为……所以…… | yīnwèi……suǒyǐ…… | 젭 ~때문에, 그래서 ~하다 |
| 530 3급 | 音乐 | yīnyuè | 몡 음악 |

| | | | |
|---|---|---|---|
| 531 3급 | 银行 | yínháng | 명 은행 |
| 532 3급 | 饮料 | yǐnliào | 명 음료(수) |
| 533 3급 | 应该 | yīnggāi | 조동 ~해야 한다 |
| 534 3급 | 影响 | yǐngxiǎng | 동 영향을 끼치다 |
| 535 3급 | 用 | yòng | 동 사용하다, 쓰다 |
| 536 3급 | 游戏 | yóuxì | 명 게임 |
| 537 2급 | 游泳 | yóuyǒng | 동 수영하다 |
| 538 1급 | 有 | yǒu | 명 있다 |
| 539 3급 | 有名 | yǒumíng | 형 유명하다 |
| 540 3급 | 又 | yòu | 부 또 |

DAY 09

1. 중국어와 우리말 뜻을 바르게 연결해 보세요.

① 颜色 ·  · ⓐ 은행

② 银行 ·  · ⓑ 선택하다

③ 选择 ·  · ⓒ 색, 색깔

2. 우리말 뜻을 보고 알맞은 중국어를 써 보세요.

① 약

_____

② 학교

_____

③ 수영하다

_____

3. 다음 빈칸에 들어갈 알맞은 단어를 <보기>에서 찾아 써 보세요.

보기　　　　　一直　　　医院　　　需要

① 有什么_____帮忙的吗？ 무엇을 도와드릴까요?

② 这几天，我身体_____不太好。 요 며칠 내 몸이 계속 좋지 않아.

③ 我肚子疼，要去_____。 나 배가 아파서, 병원에 가려고 해.

4. 제시된 단어를 보고 알맞은 우리말 뜻을 써 보세요.

① 新鲜　　　　_____

② 要求　　　　_____

③ 有名　　　　_____

DAY 09

○-빠른 정답

**1.** ① ◎ ② ◎ ③ ◎　**2.** ① 药 ② 学校 ③ 游泳　**3.** ① 需要 ② 一直 ③ 医院
**4.** ① 신선하다 ② 요구하다, 요청하다 ③ 유명하다

✔️ 아는 단어에 체크 표시해 보세요.

| | | | |
|---|---|---|---|
| ☐ | 541 | 右边 | yòubian |
| ☐ | 542 | 鱼 | yú |
| ☐ | 543 | 遇到 | yùdào |
| ☐ | 544 | 元 | yuán |
| ☐ | 545 | 远 | yuǎn |
| ☐ | 546 | 愿意 | yuànyì |
| ☐ | 547 | 越 | yuè |
| ☐ | 548 | 月 | yuè |
| ☐ | 549 | 月亮 | yuèliang |
| ☐ | 550 | 运动 | yùndòng |

| 551 | 在 | zài |
| 552 | 再 | zài |
| 553 | 再见 | zàijiàn |
| 554 | 早上 | zǎoshang |
| 555 | 怎么 | zěnme |
| 556 | 怎么样 | zěnmeyàng |
| 557 | 站 | zhàn |
| 558 | 张 | zhāng |
| 559 | 长 | zhǎng |
| 560 | 丈夫 | zhàngfu |

DAY 10

| | | | |
|---|---|---|---|
| ☐ | 561 | 着急 | zháojí |
| ☐ | 562 | 找 | zhǎo |
| ☐ | 563 | 照顾 | zhàogù |
| ☐ | 564 | 照片 | zhàopiàn |
| ☐ | 565 | 照相机 | zhàoxiàngjī |
| ☐ | 566 | 这 | zhè |
| ☐ | 567 | 着 | zhe |
| ☐ | 568 | 真 | zhēn |
| ☐ | 569 | 正在 | zhèngzài |
| ☐ | 570 | 只 | zhī |

| | | |
|---|---|---|
| 571 | 知道 | zhīdao |
| 572 | 只 | zhǐ |
| 573 | 只有······才······ | zhǐyǒu······ cái······ |
| 574 | 中国 | Zhōngguó |
| 575 | 中间 | zhōngjiān |
| 576 | 中文 | Zhōngwén |
| 577 | 中午 | zhōngwǔ |
| 578 | 终于 | zhōngyú |
| 579 | 种 | zhǒng |
| 580 | 重要 | zhòngyào |

| | | | |
|---|---|---|---|
| ☐ | 581 | 周末 | zhōumò |
| ☐ | 582 | 主要 | zhǔyào |
| ☐ | 583 | 住 | zhù |
| ☐ | 584 | 注意 | zhùyì |
| ☐ | 585 | 准备 | zhǔnbèi |
| ☐ | 586 | 桌子 | zhuōzi |
| ☐ | 587 | 字 | zì |
| ☐ | 588 | 自己 | zìjǐ |
| ☐ | 589 | 自行车 | zìxíngchē |
| ☐ | 590 | 总是 | zǒngshì |

| 591 | 走 | zǒu |
| 592 | 嘴 | zuǐ |
| 593 | 最 | zuì |
| 594 | 最后 | zuìhòu |
| 595 | 最近 | zuìjìn |
| 596 | 昨天 | zuótiān |
| 597 | 左边 | zuǒbian |
| 598 | 坐 | zuò |
| 599 | 做 | zuò |
| 600 | 作业 | zuòyè |

다음 단어를 음원을 들으며 학습해 보세요.

| | | | |
|---|---|---|---|
| 541 2급 | 右边 | yòubian | 몡 오른쪽, 우측 |
| 542 2급 | 鱼 | yú | 몡 생선, 물고기 |
| 543 3급 | 遇到 | yùdào | 동 만나다, 마주치다 |
| 544 3급 | 元 | yuán | 양 위안[중국의 화폐 단위] |
| 545 2급 | 远 | yuǎn | 혱 멀다 |
| 546 3급 | 愿意 | yuànyì | 동 원하다, ~하길 바라다 |
| 547 3급 | 越 | yuè | 뷔 갈수록, 점점, 더욱더 |
| 548 1급 | 月 | yuè | 몡 월, 달 |
| 549 3급 | 月亮 | yuèliang | 몡 달 |
| 550 2급 | 运动 | yùndòng | 몡 동 운동(하다) |

| 551 1급 | 在 | zài | 동 ~에 있다 개 ~에(서) |
| 552 2급 | 再 | zài | 부 다시, 또, 더 |
| 553 1급 | 再见 | zàijiàn | 동 잘 가, 또 만나 |
| 554 2급 | 早上 | zǎoshang | 명 아침 |
| 555 1급 | 怎么 | zěnme | 대 어떻게 |
| 556 1급 | 怎么样 | zěnmeyàng | 대 어떠하다 |
| 557 3급 | 站 | zhàn | 동 서다, 일어서다 |
| 558 3급 | 张 | zhāng | 양 장[얇은 종이나 사진 등을 세는 단위] |
| 559 3급 | 长 | zhǎng | 동 (생김새가) 생기다 |
| 560 2급 | 丈夫 | zhàngfu | 명 남편 |

DAY 10

| 561 3급 | 着急 | zháojí | 형 초조하다, 조급하다 |
| 562 2급 | 找 | zhǎo | 동 찾다 |
| 563 3급 | 照顾 | zhàogù | 동 돌보다, 보살펴 주다 |
| 564 3급 | 照片 | zhàopiàn | 명 사진 |
| 565 3급 | 照相机 | zhàoxiàngjī | 명 카메라, 사진기 |
| 566 1급 | 这 | zhè | 대 이, 이것 |
| 567 2급 | 着 | zhe | 조 ~하고 있다, ~한 채로 있다 |
| 568 2급 | 真 | zhēn | 부 정말 |
| 569 2급 | 正在 | zhèngzài | 부 마침 (~하고 있는 중이다) |
| 570 3급 | 只 | zhī | 양 동물을 세는 단위, 쌍을 이루는 사물의 한쪽을 세는 단위 |

| | | | |
|---|---|---|---|
| 571 2급 | 知道 | zhīdao | 동 알다, 이해하다 |
| 572 3급 | 只 | zhǐ | 부 오직, 단지, 겨우 |
| 573 3급 | 只有…… 才…… | zhǐyǒu…… cái…… | 접 오직 ~해야만 ~하다 |
| 574 1급 | 中国 | Zhōngguó | 고유 중국 |
| 575 3급 | 中间 | zhōngjiān | 명 중간, 가운데 |
| 576 3급 | 中文 | Zhōngwén | 고유 중국어 |
| 577 1급 | 中午 | zhōngwǔ | 명 정오 |
| 578 3급 | 终于 | zhōngyú | 부 드디어, 마침내 |
| 579 3급 | 种 | zhǒng | 명 종류를 세는 단위 |
| 580 3급 | 重要 | zhòngyào | 형 중요하다 |

| 581 3급 | 周末 | zhōumò | 몡 주말 |
| 582 3급 | 主要 | zhǔyào | 혱 주요하다 |
| 583 1급 | 住 | zhù | 동 살다 |
| 584 3급 | 注意 | zhùyì | 동 주의하다, 조심하다 |
| 585 2급 | 准备 | zhǔnbèi | 동 준비하다, ~하려고 하다 |
| 586 1급 | 桌子 | zhuōzi | 몡 탁자, 테이블 |
| 587 1급 | 字 | zì | 몡 글자 |
| 588 3급 | 自己 | zìjǐ | 대 스스로, 자신 |
| 589 3급 | 自行车 | zìxíngchē | 몡 자전거 |
| 590 3급 | 总是 | zǒngshì | 뷔 늘, 언제나 |

| | | | |
|---|---|---|---|
| 591 2급 | 走 | zǒu | (동) 가다, 걷다 |
| 592 3급 | 嘴 | zuǐ | (명) 입 |
| 593 2급 | 最 | zuì | (부) 가장 |
| 594 3급 | 最后 | zuìhòu | (명) 맨 마지막, 최후 |
| 595 3급 | 最近 | zuìjìn | (명) 요즘, 최근 |
| 596 1급 | 昨天 | zuótiān | (명) 어제 |
| 597 2급 | 左边 | zuǒbian | (명) 왼쪽, 좌측 |
| 598 1급 | 坐 | zuò | (동) 앉다, (교통수단을) 타다 |
| 599 1급 | 做 | zuò | (동) 하다, 만들다 |
| 600 3급 | 作业 | zuòyè | (명) 숙제 |

DAY 10

1. 중국어와 우리말 뜻을 바르게 연결해 보세요.

① 重要 ・      ・ ⓐ 숙제

② 丈夫 ・      ・ ⓑ 남편

③ 作业 ・      ・ ⓒ 중요하다

2. 우리말 뜻을 보고 알맞은 중국어를 써 보세요.

① 멀다

_____

② 사진

_____

③ 주말

_____

3. 다음 빈칸에 들어갈 알맞은 단어를 <보기>에서 찾아 써 보세요.

보기       终于       再       字

① 请_____说一遍。 다시 한번 말씀해 주세요.

② 我_____找到了工作。 나는 드디어 일자리를 찾았어.

③ 这个_____怎么念？ 이 글자는 어떻게 읽어?

4. 제시된 단어를 보고 알맞은 우리말 뜻을 써 보세요.

① 照顾
_____

② 遇到
_____

③ 注意
_____

○─빠른 정답

1. ① ⓒ ② ⓑ ③ ⓐ   2. ① 远 ② 照片 ③ 周末   3. ① 再 ② 终于 ③ 字
4. ① 돌보다, 보살펴 주다 ② 만나다, 마주치다 ③ 주의하다, 조심하다

# 부록

HSK에 자주 출제되는 단어만을 모아 정리하였습니다.

# 자주 출제되는 명사 관련 단어

**桌子**
zhuōzi
테이블

**椅子**
yǐzi
의자

**书**
shū
책

**衣服**
yīfu
옷

**杯子**
bēizi
컵

**菜**
cài
요리, 음식

**茶**
chá
차

**钱**
qián
돈

**东西**
dōngxi
물건

**电话**
diànhuà
전화

**电视**
diànshì
텔레비전

**电脑**
diànnǎo
컴퓨터

**手机**
shǒujī
휴대 전화

**手表**
shǒubiǎo
손목시계

**书包**
shūbāo
책가방

# 자주 출제되는 동사 관련 단어

| 看<br>kàn<br>보다 | 听<br>tīng<br>듣다 | 喝<br>hē<br>마시다 |
|---|---|---|
| 吃<br>chī<br>먹다 | 读<br>dú<br>읽다, 공부하다 | 写<br>xiě<br>쓰다 |
| 去<br>qù<br>가다 | 来<br>lái<br>오다 | 买<br>mǎi<br>사다 |
| 说<br>shuō<br>말하다 | 坐<br>zuò<br>앉다, 타다 | 做<br>zuò<br>하다, 만들다 |
| 开<br>kāi<br>운전하다, 열다 | 请<br>qǐng<br>초대하다, 부탁하다 | 叫<br>jiào<br>부르다, 불리다 |

# 자주 출제되는 형용사 관련 단어

**大**
dà 크다,
(나이가) 많다

**小**
xiǎo 작다,
(나이가) 어리다

**多**
duō
(수량이) 많다

**少**
shǎo
(수량이) 적다

**冷**
lěng
춥다

**热**
rè
덥다

**好**
hǎo
좋다

**高兴**
gāoxìng
기쁘다

**漂亮**
piàoliang
예쁘다

**可爱**
kě'ài
귀엽다

**贵**
guì
(값이) 비싸다

**便宜**
piányi
(값이) 싸다

**干净**
gānjìng
깨끗하다

**脏**
zāng
더럽다

**年轻**
niánqīng
젊다

# 자주 출제되는 인칭대사/의문대사 관련 단어

**我(们)**
wǒ(men)
우리(들)

**你(们)**
nǐ(men)
당신(들)

**他(们)**
tā(men)
그(들)

**她(们)**
tā(men)
그녀(들)

**大家**
dàjiā
모두

**咱们**
zánmen
우리

**什么**
shénme
무엇, 무슨

**怎么**
zěnme
어떻게

**几**
jǐ
몇

**多少**
duōshao
얼마, 몇

**哪**
nǎ
어느

**哪儿**
nǎr
어디

**怎么样**
zěnmeyàng
어떠하다

**谁**
shéi
누가, 누구

**什么时候**
shénme shíhou
언제

# 자주 출제되는 양사 관련 단어

| | | |
|---|---|---|
| **个**<br>ge<br>개, 명 | **本**<br>běn<br>권 | **家**<br>jiā<br>가게 등을 세는 단위 |
| **杯**<br>bēi<br>잔 | **位**<br>wèi<br>분, 명 | **张**<br>zhāng<br>장, 개 |
| **只**<br>zhī<br>짝, 마리 | **台**<br>tái<br>대 | **口**<br>kǒu<br>사람, 마리 |
| **件**<br>jiàn<br>건, 벌 | **斤**<br>jīn<br>근 | **碗**<br>wǎn<br>그릇, 공기 |
| **棵**<br>kē<br>그루, 포 | **双**<br>shuāng<br>쌍, 켤레 | **套**<br>tào<br>벌, 세트 |

160    GO! 독학 중국어 단어장

**才**
cái
겨우, 비로소

**就**
jiù
바로, 이미

**马上**
mǎshàng
곧, 즉시

**刚才**
gāngcái
막, 방금

**已经**
yǐjīng
이미

**曾经**
céngjīng
예전에

**在**
zài
~하는 중이다

**正在**
zhèngzài
~하는 중이다

**一直**
yìzhí
계속

**十分**
shífēn
대단히

**相当**
xiāngdāng
상당히

**更**
gèng
더욱

**还**
hái
또

**再**
zài
다시

**又**
yòu
또

**和**
hé
~와(과)

**跟**
gēn
~와(과)

**在**
zài
~에서

**给**
gěi
~에게

**从**
cóng
~부터

**到**
dào
~까지

**离**
lí
~로부터, ~에서

**向**
xiàng
~을 향하여

**往**
wǎng
~쪽으로

**对**
duì
~에 대하여

**为**
wèi
~을 위해

**比**
bǐ
~보다

**把**
bǎ
~을(를)

**被**
bèi
~당하다

**按照**
ànzhào
~따라

# 자주 출제되는 접속사 관련 단어

**因为**
yīnwèi
~때문에

**所以**
suǒyǐ
따라서, 그래서

**虽然**
suīrán
비록 ~하지만

**但是**
dànshì
그러나

**可是**
kěshì
하지만

**不过**
búguò
그러나

**先**
xiān
먼저

**然后**
ránhòu
그리고 나서

**不但**
búdàn
~뿐만 아니라

**而且**
érqiě
또한

**除了**
chúle
~을 제외하고

**不仅**
bùjǐn
~뿐만 아니라

**只要**
zhǐyào
~하기만 하면

**只有**
zhǐyǒu
~해야만

**或者**
huòzhě
혹은, 또는

## 자주 출제되는 요일/시간 관련 단어

**星期一**
xīngqīyī
월요일

**星期二**
xīngqī'èr
화요일

**星期三**
xīngqīsān
수요일

**星期四**
xīngqīsì
목요일

**星期五**
xīngqīwǔ
금요일

**星期六**
xīngqīliù
토요일

**星期日**(星期天)
xīngqīrì(xīngqītiān)
일요일

**早上**
zǎoshang
아침

**中午**
zhōngwǔ
점심, 정오

**晚上**
wǎnshang
밤, 저녁

**去年**
qùnián
작년

**今年**
jīnnián
올해, 금년

**时间**
shíjiān
시간

**小时**
xiǎoshí
시간

**天**
tiān
일, 날

# 자주 출제되는 방향 관련 단어

**东边**
dōngbian
동쪽

**西边**
xībian
서쪽

**南边**
nánbian
남쪽

**北边**
běibian
북쪽

**左边**
zuǒbian
왼쪽

**右边**
yòubian
오른쪽

**上边**
shàngbian
위쪽

**下边**
xiàbian
아래쪽

**前边**
qiánbian
앞쪽

**后边**
hòubian
뒤쪽

**对面**
duìmiàn
맞은편

**中间**
zhōngjiān
가운데

**旁边**
pángbiān
옆쪽

**里边**
lǐbian
안쪽

**外边**
wàibian
바깥쪽

# 자주 출제되는 인물/신분 관련 단어

**爸爸**
bàba
아빠, 아버지

**妈妈**
māma
엄마, 어머니

**哥哥**
gēge
형, 오빠

**姐姐**
jiějie
누나, 언니

**弟弟**
dìdi
남동생

**妹妹**
mèimei
여동생

**爷爷**
yéye
할아버지

**奶奶**
nǎinai
할머니

**儿子**
érzi
아들

**女儿**
nǚ'ér
딸

**同学**
tóngxué
같은 반 친구

**朋友**
péngyou
친구

**先生**
xiānsheng
선생, 씨

**同事**
tóngshì
직장 동료

**服务员**
fúwùyuán
종업원

# 자주 출제되는 직업 관련 단어

**学生**
xuésheng
학생

**老师**
lǎoshī
선생님

**医生**
yīshēng
의사

**护士**
hùshi
간호사

**记者**
jìzhě
기자

**律师**
lǜshī
변호사

**厨师**
chúshī
요리사

**作家**
zuòjiā
작가

**秘书**
mìshū
비서

**司机**
sījī
운전기사

**上班族**
shàngbānzú
회사원

**警察**
jǐngchá
경찰

**咖啡师**
kāfēishī
바리스타

**歌手**
gēshǒu
가수

**演员**
yǎnyuán
배우

# 자주 출제되는 장소 관련 단어

**中国**
Zhōngguó
중국

**北京**
Běijīng
베이징, 북경

**饭店**
fàndiàn
식당, 호텔

**学校**
xuéxiào
학교

**教室**
jiàoshì
교실

**医院**
yīyuàn
병원

**火车站**
huǒchē zhàn
기차역

**电影院**
diànyǐngyuàn
영화관

**商店**
shāngdiàn
상점

**公司**
gōngsī
회사

**书店**
shūdiàn
서점

**超市**
chāoshì
마트

**咖啡厅**
kāfēitīng
카페

**机场**
jīchǎng
공항

**百货商店**
bǎihuò shāngdiàn
백화점

# 자주 출제되는 동작 관련 단어 1

**睡觉**
shuìjiào
잠을 자다

**见面**
jiànmiàn
만나다

**说话**
shuōhuà
말하다

**读书**
dúshū
책을 읽다

**开车**
kāichē
운전하다

**下雨**
xiàyǔ
비가 내리다

**喝茶**
hēchá
차를 마시다

**吃饭**
chīfàn
밥을 먹다

**上学**
shàngxué
등교하다

**上班**
shàngbān
출근하다

**跳舞**
tiàowǔ
춤을 추다

**生病**
shēngbìng
병이 나다

**游泳**
yóuyǒng
수영하다

**工作**
gōngzuò
일하다

**认识**
rènshi
알다, 인식하다

# 자주 출제되는 동작 관련 단어 2

**洗手**
xǐshǒu
손을 씻다

**打电话**
dǎ diànhuà
전화를 하다

**上课**
shàngkè
수업하다

**考试**
kǎoshì
시험을 보다

**准备**
zhǔnbèi
준비하다

**放假**
fàngjià
방학하다

**玩(儿)**
wán(r)
놀다

**哭**
kū
울다

**笑**
xiào
웃다

**开会**
kāihuì
회의를 하다

**学习**
xuéxí
공부하다

**旅游**
lǚyóu
여행하다

**唱歌**
chànggē
노래를 부르다

**跑步**
pǎobù
달리기하다

**散步**
sànbù
산책하다

# INDEX

# INDEX

| | | | |
|---|---|---|---|
| 025 1급 | 北京 | Běijīng | (고유) 베이징[중국의 수도] |
| 026 3급 | 被 | bèi | (개) ~에 의해 ~당하다 |
| 027 1급 | 本 | běn | (명) 권[책을 세는 단위] |
| 028 3급 | 鼻子 | bízi | (명) 코 |
| 029 2급 | 比 | bǐ | (개) ~보다, ~에 비해 |
| 030 3급 | 笔记本 | bǐjìběn | (명) 노트북 |
| 031 3급 | 比较 | bǐjiào | (부) 비교적 (동) 비교하다 |
| 032 3급 | 比赛 | bǐsài | (명)(동) 시합(하다) |
| 033 3급 | 必须 | bìxū | (부) 반드시 |
| 034 3급 | 变化 | biànhuà | (명)(동) 변화(하다) |
| 035 2급 | 别 | bié | (부) ~하지 마라 |
| 036 3급 | 别人 | biérén | (대) 다른 사람 |
| 037 2급 | 宾馆 | bīnguǎn | (명) 호텔 |
| 038 3급 | 冰箱 | bīngxiāng | (명) 냉장고 |

| 039 1급 | 不 | bù | (부) ~이) 아니다, ~하지 않다 |
| 040 3급 | 不但…<br>而且… | búdàn…<br>érqiě… | (접) ~뿐만 아니라, 게다가 ~하다 |
| 041 1급 | 不客气 | bú kèqi | 천만에요 |

## C

| 042 1급 | 菜 | cài | (명) 음식, 요리 |
| 043 3급 | 菜单 | càidān | (명) 메뉴 |
| 044 3급 | 参加 | cānjiā | (동) 참석하다, 참가하다 |
| 045 3급 | 草 | cǎo | (명) 풀 |
| 046 3급 | 层 | céng | (명) 층 |
| 047 1급 | 茶 | chá | (명) 차 |
| 048 3급 | 差 | chà | (형) 좋지 않다, 나쁘다 |
| 049 2급 | 长 | cháng | (형) 길다 |
| 050 2급 | 唱歌 | chànggē | (이합) 노래를 부르다 |

| 051 3급 | 超市 | chāoshì | 명 마트, 슈퍼마켓 |
| 052 3급 | 衬衫 | chènshān | 명 셔츠, 와이셔츠 |
| 053 3급 | 成绩 | chéngjì | 명 성적 |
| 054 3급 | 城市 | chéngshì | 명 도시 |
| 055 1급 | 吃 | chī | 동 먹다 |
| 056 3급 | 迟到 | chídào | 동 지각하다 |
| 057 2급 | 出 | chū | 동 (안에서 밖으로) 나가다, 나오다 |
| 058 1급 | 出租车 | chūzūchē | 명 택시 |
| 059 3급 | 除了 | chúle | 개 ~을 제외하고, ~외에 |
| 060 2급 | 穿 | chuān | 동 (옷을) 입다 |
| 061 3급 | 船 | chuán | 명 배, 선박 |
| 062 3급 | 春 | chūn | 명 봄 |
| 063 3급 | 词典 | cídiǎn | 명 사전 |

| 064 2급 | 次 | cì | ⑱ 번, 횟수 |
| 065 3급 | 聪明 | cōngmíng | ⑲ 똑똑하다, 총명하다 |
| 066 2급 | 从 | cóng | ㉑ ~부터 |
| 067 2급 | 错 | cuò | ⑲ 틀리다, 맞지 않다 |

## d

| 068 1급 | 打电话 | dǎ diànhuà | 전화를 걸다 |
| 069 2급 | 打篮球 | dǎ lánqiú | 농구를 하다 |
| 070 3급 | 打扫 | dǎsǎo | ⑧ 청소하다 |
| 071 3급 | 打算 | dǎsuan | ⑧ ~할 계획이다, ~할 예정이다 |
| 072 1급 | 大 | dà | ⑲ 크다, (수량이) 많다 |
| 073 2급 | 大家 | dàjiā | ㉒ 모두 |
| 074 3급 | 带 | dài | ⑧ 가지다, (몸에) 지니다 |
| 075 3급 | 担心 | dānxīn | ⑧ 걱정하다 |

| | | | |
|---|---|---|---|
| 076 3급 | 蛋糕 | dàngāo | 몡 케이크 |
| 077 3급 | 当然 | dāngrán | 튀 당연히, 물론 |
| 078 2급 | 到 | dào | 통 도착하다 |
| 079 3급 | 地 | de | 몡 술어를 연결하는 역할을 함 |
| 080 1급 | 的 | de | 조 ~의 |
| 081 2급 | 得 | de | 조 술어와 보어를 연결해 주는 역할을 함 |
| 082 3급 | 灯 | dēng | 몡 등 |
| 083 2급 | 等 | děng | 통 기다리다 |
| 084 2급 | 弟弟 | dìdi | 몡 남동생 |
| 085 3급 | 地方 | dìfang | 몡 곳, 장소 |
| 086 3급 | 地铁 | dìtiě | 몡 지하철 |
| 087 3급 | 地图 | dìtú | 몡 지도 |
| 088 2급 | 第一 | dì-yī | 쉬 첫 번째 |

| 089 1급 | 点 | diǎn | 양 (시간의) 시 |
| 090 1급 | 电脑 | diànnǎo | 명 컴퓨터 |
| 091 1급 | 电视 | diànshì | 명 텔레비전 |
| 092 3급 | 电梯 | diàntī | 명 엘리베이터 |
| 093 1급 | 电影 | diànyǐng | 명 영화 |
| 094 3급 | 电子邮件 | diànzǐ yóujiàn | 명 이메일, 전자우편 |
| 095 3급 | 东 | dōng | 명 동(쪽) |
| 096 3급 | 冬 | dōng | 명 겨울 |
| 097 1급 | 东西 | dōngxi | 명 물건 |
| 098 2급 | 懂 | dǒng | 동 이해하다 |
| 099 3급 | 动物 | dòngwù | 명 동물 |
| 100 1급 | 都 | dōu | 부 모두, 다 |
| 101 1급 | 读 | dú | 동 읽다, 공부하다 |

| | | | |
|---|---|---|---|
| **102** 3급 | 短 | duǎn | (형) 짧다 |
| **103** 3급 | 段 | duàn | (양) 사물이나 시간 등의 한 구간을 나타냄 |
| **104** 3급 | 锻炼 | duànliàn | (동) 운동하다, 단련하다 |
| **105** 2급 | 对 | duì | (형) 맞다, 옳다 |
| **106** 2급 | 对 | duì | (개) ~에게, ~에 대하여 |
| **107** 1급 | 对不起 | duìbuqǐ | (동) 죄송합니다 |
| **108** 1급 | 多 | duō | (형) 많다 |
| **109** 3급 | 多么 | duōme | (부) 얼마나 |
| **110** 1급 | 多少 | duōshao | (대) 얼마, 몇 |

### e

| | | | |
|---|---|---|---|
| **111** 3급 | 饿 | è | (형) 배고프다 |
| **112** 1급 | 儿子 | érzi | (명) 아들 |
| **113** 3급 | 耳朵 | ěrduo | (명) 귀 |

| | | | |
|---|---|---|---|
| 114 1급 | 二 | èr | ㈜ 2, 둘 |

f

| | | | |
|---|---|---|---|
| 115 3급 | 发 | fā | 통 보내다 |
| 116 3급 | 发烧 | fāshāo | 통 열이 나다 |
| 117 3급 | 发现 | fāxiàn | 통 발견하다 |
| 118 1급 | 饭店 | fàndiàn | 명 식당, 레스토랑, 호텔 |
| 119 3급 | 方便 | fāngbiàn | 형 편리하다 |
| 120 2급 | 房间 | fángjiān | 명 방 |
| 121 3급 | 放 | fàng | 통 넣다 |
| 122 3급 | 放心 | fàngxīn | 통 안심하다, 마음을 놓다 |
| 123 2급 | 非常 | fēicháng | 부 아주, 대단히 |
| 124 1급 | 飞机 | fēijī | 명 비행기 |
| 125 3급 | 分 | fēn | 통 나누다, 분류하다 |

| | | | |
|---|---|---|---|
| **126** 1급 | 分钟 | fēnzhōng | 명 (시간의) 분 |
| **127** 2급 | 服务员 | fúwùyuán | 명 종업원 |
| **128** 3급 | 附近 | fùjìn | 명 근처, 부근 |
| **129** 3급 | 复习 | fùxí | 동 복습하다 |

**g**

| | | | |
|---|---|---|---|
| **130** 3급 | 干净 | gānjìng | 형 깨끗하다 |
| **131** 3급 | 感冒 | gǎnmào | 동 감기에 걸리다 |
| **132** 3급 | 感兴趣 | gǎn xìngqù | 흥미를 느끼다, 관심을 갖다 |
| **133** 3급 | 刚才 | gāngcái | 명 방금, 막 |
| **134** 2급 | 高 | gāo | 형 (키가) 크다, 높다 |
| **135** 1급 | 高兴 | gāoxìng | 형 기쁘다, 즐겁다 |
| **136** 2급 | 告诉 | gàosu | 동 알리다, 말하다 |
| **137** 2급 | 哥哥 | gēge | 명 형, 오빠 |

| 138 3급 | 个子 | gèzi | 몡 키 |
| 139 1급 | 个 | ge | 영 명, 개 |
| 140 2급 | 给 | gěi | 동 주다 |
| 141 3급 | 跟 | gēn | 개 ~와(과) |
| 142 3급 | 根据 | gēnjù | 개 ~에 따라, ~에 근거하여 |
| 143 3급 | 更 | gèng | 뿐 더, 더욱 |
| 144 2급 | 公共汽车 | gōnggòng qìchē | 몡 버스 |
| 145 3급 | 公斤 | gōngjīn | 영 kg, 킬로그램 |
| 146 2급 | 公司 | gōngsī | 몡 회사 |
| 147 3급 | 公园 | gōngyuán | 몡 공원 |
| 148 1급 | 工作 | gōngzuò | 몡 일, 직장 동 일하다 |
| 149 1급 | 狗 | gǒu | 몡 개 |
| 150 3급 | 故事 | gùshi | 몡 이야기 |

| | | | |
|---|---|---|---|
| **151** 3급 | 刮风 | guāfēng | 이합 바람이 불다 |
| **152** 3급 | 关 | guān | 동 닫다 |
| **153** 3급 | 关系 | guānxi | 명 관계 |
| **154** 3급 | 关心 | guānxīn | 동 관심을 갖다, 관심을 기울이다 |
| **155** 3급 | 关于 | guānyú | 개 ~에 관해 |
| **156** 2급 | 贵 | guì | 형 비싸다 |
| **157** 3급 | 国家 | guójiā | 명 국가, 나라 |
| **158** 3급 | 过 | guò | 동 지나다, 보내다 |
| **159** 3급 | 过去 | guòqù | 명 과거 |
| **160** 2급 | 过 | guo | 조 ~한 적 있다 |

**h**

| | | | |
|---|---|---|---|
| **161** 2급 | 还 | hái | 부 아직, 여전히 |
| **162** 3급 | 还是 | háishi | 부 ~하는 편이 좋다 |

| | | | |
|---|---|---|---|
| 163 2급 | 孩子 | háizi | 몡 아이, 자녀 |
| 164 3급 | 害怕 | hàipà | 동 무서워하다, 두려워하다 |
| 165 1급 | 汉语 | Hànyǔ | 몡 중국어 |
| 166 1급 | 好 | hǎo | 혱 좋다 |
| 167 2급 | 好吃 | hǎochī | 혱 맛있다 |
| 168 1급 | 号 | hào | 양 일[날짜를 나타냄] |
| 169 1급 | 喝 | hē | 동 마시다 |
| 170 1급 | 和 | hé | 개 ~와(과) |
| 171 2급 | 黑 | hēi | 혱 어둡다, 까맣다 |
| 172 3급 | 黑板 | hēibǎn | 몡 칠판 |
| 173 1급 | 很 | hěn | 부 매우 |
| 174 2급 | 红 | hóng | 혱 빨갛다, 붉다 |
| 175 3급 | 后来 | hòulái | 몡 후에, 그 뒤에, 그 다음에 |
| 176 1급 | 后面 | hòumiàn | 몡 뒤쪽, 뒷면 |

| | | | |
|---|---|---|---|
| **177** 3급 | 护照 | hùzhào | 몡 여권 |
| **178** 3급 | 花 | huā | 몡 꽃 |
| **179** 3급 | 花 | huā | 통 (돈이나 시간을) 쓰다 |
| **180** 3급 | 画 | huà | 통 (그림을) 그리다 |
| **181** 3급 | 坏 | huài | 통 고장 나다 |
| **182** 3급 | 欢迎 | huānyíng | 통 환영하다 |
| **183** 3급 | 还 | huán | 통 반납하다, 돌려주다, 갚다 |
| **184** 3급 | 环境 | huánjìng | 몡 환경 |
| **185** 3급 | 换 | huàn | 통 바꾸다 |
| **186** 3급 | 黄河 | Huánghé | 고유 황허, 황하 |
| **187** 1급 | 回 | huí | 통 돌아가다 |
| **188** 3급 | 回答 | huídá | 몡 통 대답(하다) |
| **189** 1급 | 会 | huì | 조통 ~할 줄 알다, ~할 수 있다 |
| **190** 3급 | 会议 | huìyì | 몡 회의 |

| 191<br>2급 | 火车站 | huǒchē zhàn | 명 기차역 |
| 192<br>3급 | 或者 | huòzhě | 접 혹은, 또는 |

## j

| 193<br>2급 | 机场 | jīchǎng | 명 공항 |
| 194<br>2급 | 鸡蛋 | jīdàn | 명 계란, 달걀 |
| 195<br>3급 | 几乎 | jīhū | 부 거의 |
| 196<br>3급 | 机会 | jīhuì | 명 기회 |
| 197<br>3급 | 极 | jí | 부 몹시, 아주 |
| 198<br>1급 | 几 | jǐ | 대 몇 |
| 199<br>3급 | 记得 | jìde | 동 기억하다 |
| 200<br>3급 | 季节 | jìjié | 명 계절 |
| 201<br>1급 | 家 | jiā | 명 집 |
| 202<br>3급 | 检查 | jiǎnchá | 동 검사하다, 점검하다 |

| 203 3급 | 简单 | jiǎndān | 형 간단하다, 단순하다 |
| 204 2급 | 件 | jiàn | 양 벌[옷을 세는 단위] |
| 205 3급 | 健康 | jiànkāng | 형 건강하다 |
| 206 3급 | 见面 | jiànmiàn | 동 만나다 |
| 207 3급 | 讲 | jiǎng | 동 강의하다, 설명하다 |
| 208 3급 | 教 | jiāo | 동 가르치다 |
| 209 3급 | 角 | jiǎo | 명 (짐승의) 뿔 |
| 210 3급 | 脚 | jiǎo | 명 발 |
| 211 1급 | 叫 | jiào | 동 (이름을) ~라고 하다, 부르다 |
| 212 2급 | 教室 | jiàoshì | 명 교실 |
| 213 3급 | 接 | jiē | 동 마중하다, 맞이하다 |
| 214 3급 | 街道 | jiēdào | 명 (길)거리 |
| 215 3급 | 结婚 | jiéhūn | 동 결혼하다 |
| 216 3급 | 节目 | jiémù | 명 프로그램 |

| 217 3급 | 节日 | jiérì | 몡 기념일, 명절 |
| 218 3급 | 结束 | jiéshù | 툉 끝나다, 마치다 |
| 219 2급 | 姐姐 | jiějie | 몡 누나, 언니 |
| 220 3급 | 解决 | jiějué | 툉 해결하다 |
| 221 3급 | 借 | jiè | 툉 빌리다, 빌려주다 |
| 222 2급 | 介绍 | jièshào | 툉 소개하다 |
| 223 1급 | 今天 | jīntiān | 몡 오늘 |
| 224 2급 | 进 | jìn | 툉 들어오다, 들어가다 |
| 225 2급 | 近 | jìn | 휑 가깝다 |
| 226 3급 | 经常 | jīngcháng | 閁 자주, 늘 |
| 227 3급 | 经过 | jīngguò | 툉 (장소, 시간 등을) 거치다, 지나다 |
| 228 3급 | 经理 | jīnglǐ | 몡 사장, 매니저 |
| 229 1급 | 九 | jiǔ | 쉬 9, 아홉 |

| | | | |
|---|---|---|---|
| <sup>230</sup> 3급 | 久 | jiǔ | 휑 오래다, (시간이) 길다 |
| <sup>231</sup> 3급 | 旧 | jiù | 휑 낡다, 오래 되다 |
| <sup>232</sup> 2급 | 就 | jiù | ⶀ 바로 |
| <sup>233</sup> 3급 | 句子 | jùzi | ⓂⓂ 문장 |
| <sup>234</sup> 2급 | 觉得 | juéde | 동 ~라고 생각하다, ~라고 느끼다 |
| <sup>235</sup> 3급 | 决定 | juédìng | 명 동 결정(하다) |

k

| | | | |
|---|---|---|---|
| <sup>236</sup> 2급 | 咖啡 | kāfēi | 명 커피 |
| <sup>237</sup> 1급 | 开 | kāi | 동 (문을) 열다 |
| <sup>238</sup> 2급 | 开始 | kāishǐ | 동 시작하다 |
| <sup>239</sup> 1급 | 看 | kàn | 동 보다 |
| <sup>240</sup> 1급 | 看见 | kànjiàn | 동 보다, 보이다 |
| <sup>241</sup> 2급 | 考试 | kǎoshì | 명 시험 동 시험을 보다 |
| <sup>242</sup> 3급 | 渴 | kě | 휑 목마르다 |

| | | | |
|---|---|---|---|
| 243 3급 | 可爱 | kě'ài | 형 귀엽다 |
| 244 2급 | 可能 | kěnéng | 부 아마도 |
| 245 2급 | 可以 | kěyǐ | 조동 ~할 수 있다, ~해도 된다 |
| 246 3급 | 刻 | kè | 양 15분 |
| 247 2급 | 课 | kè | 명 수업 |
| 248 3급 | 客人 | kèrén | 명 손님 |
| 249 3급 | 空调 | kōngtiáo | 명 에어컨 |
| 250 3급 | 口 | kǒu | 명 입 |
| 251 3급 | 哭 | kū | 동 울다 |
| 252 3급 | 裤子 | kùzi | 명 바지 |
| 253 1급 | 块 | kuài | 양 위안[중국의 화폐 단위] |
| 254 2급 | 快 | kuài | 형 빠르다 |
| 255 2급 | 快乐 | kuàilè | 형 즐겁다, 유쾌하다 |
| 256 3급 | 筷子 | kuàizi | 명 젓가락 |

## I

| | | | |
|---|---|---|---|
| **257** 1급 | 来 | lái | ⑧ 오다 |
| **258** 3급 | 蓝 | lán | ⑲ 남색의 |
| **259** 3급 | 老 | lǎo | ⑲ 나이 먹다, 늙다 |
| **260** 1급 | 老师 | lǎoshī | ⑱ 선생님 |
| **261** 1급 | 了 | le | ㉺ ~했다 |
| **262** 3급 | 累 | lèi | ⑲ 피곤하다 |
| **263** 1급 | 冷 | lěng | ⑲ 춥다 |
| **264** 2급 | 离 | lí | ㉐ ~에서, ~로부터 |
| **265** 3급 | 离开 | líkāi | ⑧ 떠나다 |
| **266** 3급 | 礼物 | lǐwù | ⑱ 선물 |
| **267** 3급 | 历史 | lìshǐ | ⑱ 역사 |
| **268** 1급 | 里 | li | ⑱ 안, 속 |

| 269<br>3급 | 脸 | liǎn | 몡 얼굴 |
| 270<br>3급 | 练习 | liànxí | 몡 통 연습(하다) |
| 271<br>2급 | 两 | liǎng | ㊇ 2, 둘 |
| 272<br>3급 | 辆 | liàng | 썅 차량을 셀 때 쓰는 단위 |
| 273<br>3급 | 聊天 | liáotiān | 통 이야기하다 |
| 274<br>3급 | 了解 | liǎojiě | 통 이해하다, 알다 |
| 275<br>3급 | 邻居 | línjū | 몡 이웃 사람, 이웃(집) |
| 276<br>2급 | 零 | líng | ㊇ 0, 영 |
| 277<br>3급 | 留学 | liúxué | 통 유학하다 |
| 278<br>1급 | 六 | liù | ㊇ 6, 여섯 |
| 279<br>3급 | 楼 | lóu | 몡 건물, 층 |
| 280<br>2급 | 路 | lù | 몡 길 |
| 281<br>2급 | 旅游 | lǚyóu | 통 여행하다 |
| 282<br>3급 | 绿 | lǜ | 혱 푸르다 |

## m

| | | | |
|---|---|---|---|
| **283** 1급 | 妈妈 | māma | 명 엄마, 어머니 |
| **284** 3급 | 马 | mǎ | 명 말 |
| **285** 3급 | 马上 | mǎshàng | 부 곧, 즉시 |
| **286** 1급 | 吗 | ma | 조 ~이니?, ~입니까? |
| **287** 1급 | 买 | mǎi | 동 사다 |
| **288** 2급 | 卖 | mài | 동 팔다 |
| **289** 3급 | 满意 | mǎnyì | 동 만족하다 |
| **290** 2급 | 慢 | màn | 형 느리다 |
| **291** 2급 | 忙 | máng | 형 바쁘다 |
| **292** 1급 | 猫 | māo | 명 고양이 |
| **293** 3급 | 帽子 | màozi | 명 모자 |
| **294** 1급 | 没关系 | méi guānxi | 괜찮다 |

| | | | |
|---|---|---|---|
| 295 1급 | 没有 | méiyǒu | 동 없다, ~을 가지고 있지 않다 |
| 296 2급 | 每 | měi | 대 매, ~마다 |
| 297 2급 | 妹妹 | mèimei | 명 여동생 |
| 298 2급 | 门 | mén | 명 문 |
| 299 3급 | 米 | mǐ | 명 쌀 |
| 300 1급 | 米饭 | mǐfàn | 명 (쌀)밥 |
| 301 3급 | 面包 | miànbāo | 명 빵, 베이커리 |
| 302 2급 | 面条 | miàntiáo | 명 국수 |
| 303 3급 | 明白 | míngbai | 동 이해하다, 알다 |
| 304 1급 | 明天 | míngtiān | 명 내일 |
| 305 1급 | 名字 | míngzi | 명 이름 |

**n**

| | | | |
|---|---|---|---|
| 306 3급 | 拿 | ná | 동 (손으로) 잡다 |
| 307 1급 | 哪 | nǎ | 대 어느 |
| 308 1급 | 哪儿 | nǎr | 대 어디 |
| 309 1급 | 那 | nà | 대 그(것), 저(것) |
| 310 3급 | 奶奶 | nǎinai | 명 할머니 |
| 311 2급 | 男 | nán | 명 남자, 남성 |
| 312 3급 | 南 | nán | 명 남(쪽) |
| 313 3급 | 难 | nán | 형 어렵다 |
| 314 3급 | 难过 | nánguò | 형 괴롭다, 슬프다 |
| 315 1급 | 呢 | ne | 조 ~하고 있다, 강조를 나타냄 |
| 316 1급 | 能 | néng | 조동 ~할 수 있다 |
| 317 1급 | 你 | nǐ | 대 너, 당신 |

| | | | |
|---|---|---|---|
| <sup>318</sup> 1급 | 年 | nián | 몡 년, 해 |
| <sup>319</sup> 3급 | 年级 | niánjí | 몡 학년 |
| <sup>320</sup> 3급 | 年轻 | niánqīng | 혱 젊다 |
| <sup>321</sup> 3급 | 鸟 | niǎo | 몡 새 |
| <sup>322</sup> 2급 | 您 | nín | 때 당신[你의 존칭] |
| <sup>323</sup> 2급 | 牛奶 | niúnǎi | 몡 우유 |
| <sup>324</sup> 3급 | 努力 | nǔlì | 됭 노력하다, 힘쓰다 |
| <sup>325</sup> 2급 | 女 | nǚ | 몡 여자 |
| <sup>326</sup> 1급 | 女儿 | nǚ'ér | 몡 딸 |

**p**

| | | | |
|---|---|---|---|
| <sup>327</sup> 3급 | 爬山 | páshān | 이합 등산하다, 산에 올라가다 |
| <sup>328</sup> 3급 | 盘子 | pánzi | 몡 쟁반 |
| <sup>329</sup> 2급 | 旁边 | pángbiān | 몡 옆, 곁 |

| 330 3급 | 胖 | pàng | 형 살찌다, 뚱뚱하다 |
|---|---|---|---|
| 331 2급 | 跑步 | pǎobù | 동 조깅하다, 달리기하다 |
| 332 1급 | 朋友 | péngyou | 명 친구 |
| 333 3급 | 啤酒 | píjiǔ | 명 맥주 |
| 334 3급 | 皮鞋 | píxié | 명 가죽구두 |
| 335 2급 | 便宜 | piányi | 형 (값이) 저렴하다 싸다 |
| 336 2급 | 票 | piào | 명 표 |
| 337 1급 | 漂亮 | piàoliang | 형 예쁘다 |
| 338 1급 | 苹果 | píngguǒ | 명 사과 |
| 339 3급 | 瓶子 | píngzi | 명 병 |

## q

| 340 3급 | 七 | qī | 수 7, 일곱 |
|---|---|---|---|
| 341 3급 | 妻子 | qīzi | 명 아내 |

| | | | |
|---|---|---|---|
| 342 3급 | 骑 | qí | 통 (말, 자전거 등을) 타다 |
| 343 3급 | 奇怪 | qíguài | 형 이상하다 |
| 344 3급 | 其实 | qíshí | 부 사실은 |
| 345 3급 | 其他 | qítā | 대 기타, 그 외 |
| 346 2급 | 起床 | qǐchuáng | 통 일어나다, 기상하다 |
| 347 3급 | 起飞 | qǐfēi | 통 (비행기가) 이륙하다 |
| 348 3급 | 起来 | qǐlai | 통 일어나다, 일어서다 |
| 349 2급 | 千 | qiān | 수 1000, 천 |
| 350 2급 | 铅笔 | qiānbǐ | 명 연필 |
| 351 1급 | 钱 | qián | 명 돈 |
| 352 1급 | 前面 | qiánmiàn | 명 앞쪽, 앞면 |
| 353 3급 | 清楚 | qīngchu | 형 분명하다, 뚜렷하다 |
| 354 2급 | 晴 | qíng | 형 맑다 |

| 355 1급 | 请 | qǐng | ⑧ 요청하다, 초대하다, 한턱내다 |
|---|---|---|---|
| 356 3급 | 请假 | qǐngjià | ⑧ 휴가를 신청하다 |
| 357 3급 | 秋 | qiū | ⑲ 가을 |
| 358 1급 | 去 | qù | ⑧ 가다 |
| 359 2급 | 去年 | qùnián | ⑲ 작년 |
| 360 3급 | 裙子 | qúnzi | ⑲ 치마 |

**r**

| 361 3급 | 然后 | ránhòu | ㉒ 그런 다음, 그런 후에 |
|---|---|---|---|
| 362 2급 | 让 | ràng | ⑧ ~로 하여금 ~하게 하다 |
| 363 1급 | 热 | rè | ⑲ 덥다 |
| 364 3급 | 热情 | rèqíng | ⑲ 친절하다, 열정적이다 |
| 365 1급 | 人 | rén | ⑲ 사람 |
| 366 1급 | 认识 | rènshi | ⑧ (사람끼리 서로) 알다 |

| 367 3급 | 认为 | rènwéi | 동 생각하다, 여기다 |
| 368 3급 | 认真 | rènzhēn | 형 진지하다, 성실하다 |
| 369 2급 | 日 | rì | 명 일[날짜를 가리킴] |
| 370 3급 | 容易 | róngyì | 형 쉽다 |
| 371 3급 | 如果 | rúguǒ | 접 만약 ~라면 |

**S**

| 372 1급 | 三 | sān | 수 3, 셋 |
| 373 3급 | 伞 | sǎn | 명 우산 |
| 374 1급 | 商店 | shāngdiàn | 명 상점 |
| 375 1급 | 上 | shàng | 명 위, 지난 |
| 376 2급 | 上班 | shàngbān | 동 출근하다 |
| 377 3급 | 上网 | shàngwǎng | 동 인터넷에 접속하다 |
| 378 1급 | 上午 | shàngwǔ | 명 오전 |

| | | | |
|---|---|---|---|
| **379** 1급 | 少 | shǎo | 형 적다 |
| **380** 1급 | 谁 | shéi | 대 누가, 누구 |
| **381** 2급 | 身体 | shēntǐ | 명 몸, 건강 |
| **382** 1급 | 什么 | shénme | 대 무엇, 무슨 |
| **383** 2급 | 生病 | shēngbìng | 동 병이 나다 |
| **384** 3급 | 生气 | shēngqì | 동 화내다 |
| **385** 2급 | 生日 | shēngrì | 명 생일 |
| **386** 3급 | 声音 | shēngyīn | 명 (목)소리 |
| **387** 1급 | 十 | shí | 수 10, 열 |
| **388** 1급 | 时候 | shíhou | 명 때, 무렵 |
| **389** 2급 | 时间 | shíjiān | 명 시간 |
| **390** 3급 | 试 | shì | 동 시도하다, 시험 삼아 해 보다 |
| **391** 1급 | 是 | shì | 동 ~이다 |

| | | | |
|---|---|---|---|
| 392 3급 | 世界 | shìjiè | 몡 세계 |
| 393 2급 | 事情 | shìqing | 몡 일 |
| 394 2급 | 手表 | shǒubiǎo | 몡 손목시계 |
| 395 2급 | 手机 | shǒujī | 몡 휴대 전화 |
| 396 3급 | 瘦 | shòu | 혱 마르다, 여위다 |
| 397 1급 | 书 | shū | 몡 책 |
| 398 3급 | 舒服 | shūfu | 혱 편안하다 |
| 399 3급 | 叔叔 | shūshu | 몡 삼촌, 아저씨 |
| 400 3급 | 树 | shù | 몡 나무 |
| 401 3급 | 数学 | shùxué | 몡 수학 |
| 402 3급 | 刷牙 | shuāyá | 이합 이를 닦다 |
| 403 3급 | 双 | shuāng | 양 켤레, 쌍 |
| 404 1급 | 水 | shuǐ | 몡 물 |
| 405 1급 | 水果 | shuǐguǒ | 몡 과일 |

| | | | |
|---|---|---|---|
| **406**<br>**3급** | 水平 | shuǐpíng | 몡 실력, 수준 |
| **407**<br>**1급** | 睡觉 | shuìjiào | 동 잠을 자다 |
| **408**<br>**1급** | 说 | shuō | 동 말하다 |
| **409**<br>**2급** | 说话 | shuōhuà | 동 말하다, 이야기하다 |
| **410**<br>**3급** | 司机 | sījī | 몡 기사 |
| **411**<br>**1급** | 四 | sì | 쉬 4, 넷 |
| **412**<br>**2급** | 送 | sòng | 동 선물하다, 주다 |
| **413**<br>**2급** | 虽然···<br>但是··· | suīrán···<br>dànshì··· | 접 비록 ~일지라도, 그러나 ~하다 |
| **414**<br>**1급** | 岁 | suì | 양 살, 세[나이를 세는 단위] |

t

| | | | |
|---|---|---|---|
| **415**<br>**1급** | 他 | tā | 대 그 |
| **416**<br>**1급** | 她 | tā | 대 그녀 |
| **417**<br>**2급** | 它 | tā | 대 그(것), 저(것) |

| | | | |
|---|---|---|---|
| 418 1급 | 太 | tài | 뷔너무 |
| 419 3급 | 太阳 | tàiyáng | 명태양 |
| 420 3급 | 特别 | tèbié | 뷔아주, 특히 |
| 421 3급 | 疼 | téng | 동아프다 |
| 422 2급 | 踢足球 | tī zúqiú | 축구를 하다 |
| 423 2급 | 题 | tí | 명문제 |
| 424 3급 | 提高 | tígāo | 동향상시키다, 높이다 |
| 425 3급 | 体育 | tǐyù | 명체육 |
| 426 1급 | 天气 | tiānqì | 명날씨 |
| 427 3급 | 甜 | tián | 형(맛이) 달다 |
| 428 3급 | 条 | tiáo | 양가늘고 긴 것을 세는 단위 |
| 429 2급 | 跳舞 | tiàowǔ | 동춤을 추다 |
| 430 1급 | 听 | tīng | 동듣다 |
| 431 3급 | 同事 | tóngshì | 명동료, 동업자 |

| | | | |
|---|---|---|---|
| **432**<br>1급 | 同学 | tóngxué | 몡 반 학생, 반 친구, 학우 |
| **433**<br>3급 | 同意 | tóngyì | 통 동의하다 |
| **434**<br>3급 | 头发 | tóufa | 몡 머리카락 |
| **435**<br>3급 | 突然 | tūrán | 뷔 갑자기 |
| **436**<br>3급 | 图书馆 | túshūguǎn | 몡 도서관 |
| **437**<br>3급 | 腿 | tuǐ | 몡 다리 |

**W**

| | | | |
|---|---|---|---|
| **438**<br>2급 | 外 | wài | 몡 밖, 바깥 |
| **439**<br>2급 | 完 | wán | 통 다하다, 완성하다, 끝내다 |
| **440**<br>2급 | 玩 | wán | 통 (컴퓨터를 하고) 놀다 |
| **441**<br>3급 | 完成 | wánchéng | 통 끝내다, 완성하다 |
| **442**<br>3급 | 碗 | wǎn | 몡 양 그릇 |
| **443**<br>2급 | 晚上 | wǎnshang | 몡 밤, 저녁 |

| 444 3급 | 万 | wàn | ㈜ 1000, 만 |
| 445 2급 | 往 | wǎng | ㉙ ~쪽으로, ~을 향해 |
| 446 3급 | 忘记 | wàngjì | ⑧ 잊어버리다 |
| 447 1급 | 喂 | wéi | ⑳ 여보세요 |
| 448 3급 | 位 | wèi | ⑱ 분[존칭] |
| 449 3급 | 为 | wèi | ㉙ ~을 위해서, ~에게 |
| 450 3급 | 为了 | wèile | ㉙ ~을 위하여 |
| 451 2급 | 为什么 | wèi shénme | ㉓ 왜, 어째서 |
| 452 3급 | 文化 | wénhuà | ⑲ 문화 |
| 453 2급 | 问 | wèn | ⑧ 묻다 |
| 454 2급 | 问题 | wèntí | ⑲ 문제 |
| 455 1급 | 我 | wǒ | ㉓ 나 |
| 456 1급 | 我们 | wǒmen | ㉓ 우리(들) |
| 457 1급 | 五 | wǔ | ㈜ 5, 다섯 |

| | | | |
|---|---|---|---|
| 458 3급 | 西 | xī | 몡 서(쪽) |
| 459 2급 | 西瓜 | xīguā | 몡 수박 |
| 460 2급 | 希望 | xīwàng | 통 희망하다 |
| 461 3급 | 习惯 | xíguàn | 통 익숙해지다, 습관이 되다 |
| 462 2급 | 洗 | xǐ | 통 씻다, 세탁하다 |
| 463 3급 | 喜欢 | xǐhuan | 통 좋아하다 |
| 464 3급 | 洗手间 | xǐshǒujiān | 몡 화장실 |
| 465 3급 | 洗澡 | xǐzǎo | 통 샤워하다, 목욕하다 |
| 466 3급 | 夏 | xià | 몡 여름 |
| 467 1급 | 下 | xià | 몡 아래, 다음, 나중 |
| 468 1급 | 下午 | xiàwǔ | 몡 오후 |
| 469 1급 | 下雨 | xiàyǔ | 이합 비가 내리다, 비가 오다 |
| 470 3급 | 先 | xiān | 뷔 먼저, 우선 |

| | | | |
|---|---|---|---|
| 471 1급 | 先生 | xiānsheng | 몡 선생, 씨(성인 남자에 대한 존칭) |
| 472 1급 | 现在 | xiànzài | 몡 지금, 현재 |
| 473 3급 | 香蕉 | xiāngjiāo | 몡 바나나 |
| 474 3급 | 相信 | xiāngxìn | 동 믿다 |
| 475 1급 | 想 | xiǎng | 조동 ~하고 싶다 |
| 476 3급 | 向 | xiàng | 개 ~에게 |
| 477 3급 | 像 | xiàng | 동 닮다 |
| 478 1급 | 小 | xiǎo | 혱 작다 |
| 479 1급 | 小姐 | xiǎojiě | 몡 아가씨, ~양 |
| 480 2급 | 小时 | xiǎoshí | 몡 시간 |
| 481 3급 | 小心 | xiǎoxīn | 동 조심하다, 주의하다 |
| 482 2급 | 笑 | xiào | 동 웃다 |
| 483 3급 | 校长 | xiàozhǎng | 몡 교장 |

| 484 1급 | 些 | xiē | 양 약간, 조금 |
| 485 1급 | 写 | xiě | 동 (글씨를) 쓰다 |
| 486 1급 | 谢谢 | xièxie | 동 감사합니다 |
| 487 2급 | 新 | xīn | 형 새로운, 새롭다 |
| 488 3급 | 新闻 | xīnwén | 명 뉴스 |
| 489 3급 | 新鲜 | xīnxiān | 형 신선하다 |
| 490 3급 | 信用卡 | xìnyòngkǎ | 명 신용카드 |
| 491 1급 | 星期 | xīngqī | 명 요일, 주 |
| 492 3급 | 行李箱 | xínglixiāng | 명 트렁크, 여행용 가방 |
| 493 2급 | 姓 | xìng | 동 성이 ~이다 |
| 494 3급 | 熊猫 | xióngmāo | 명 판다 |
| 495 2급 | 休息 | xiūxi | 동 쉬다, 휴식하다 |
| 496 3급 | 需要 | xūyào | 동 필요로 하다 |
| 497 3급 | 选择 | xuǎnzé | 동 선택하다 |

| 498 1급 | 学生 | xuésheng | 명 학생 |
| 499 1급 | 学习 | xuéxí | 동 공부하다, 배우다 |
| 500 1급 | 学校 | xuéxiào | 명 학교 |
| 501 2급 | 雪 | xuě | 명 (내리는) 눈 |

**y**

| 502 2급 | 颜色 | yánsè | 명 색, 색깔 |
| 503 2급 | 眼睛 | yǎnjing | 명 눈 |
| 504 2급 | 羊肉 | yángròu | 명 양고기 |
| 505 3급 | 要求 | yāoqiú | 동 요구하다, 요청하다 |
| 506 2급 | 药 | yào | 명 약 |
| 507 2급 | 要 | yào | 조동 ~하려고 하다, ~할 것이다 |
| 508 3급 | 爷爷 | yéye | 명 할아버지 |
| 509 2급 | 也 | yě | 부 ~도, 역시 |

| 510 <br> 1급 | 一 | yī | 수 1, 하나 |
| 511 <br> 1급 | 衣服 | yīfu | 명 옷 |
| 512 <br> 1급 | 医生 | yīshēng | 명 의사 |
| 513 <br> 1급 | 医院 | yīyuàn | 명 병원 |
| 514 <br> 3급 | 一定 | yídìng | 부 꼭, 반드시 |
| 515 <br> 3급 | 一共 | yígòng | 부 모두, 전부 |
| 516 <br> 3급 | 一会儿 | yíhuìr | 수량 좀, 잠시 |
| 517 <br> 2급 | 一下 | yíxià | 수량 좀 ~하다, 한번 ~해 보다 |
| 518 <br> 3급 | 一样 | yíyàng | 형 같다 |
| 519 <br> 2급 | 已经 | yǐjīng | 부 이미, 벌써 |
| 520 <br> 3급 | 以前 | yǐqián | 명 예전, 이전 |
| 521 <br> 1급 | 椅子 | yǐzi | 명 의자 |
| 522 <br> 3급 | 一般 | yìbān | 형 일반적이다 |

| 536 3급 | 游戏 | yóuxì | 몡 게임 |
|---|---|---|---|
| 537 2급 | 游泳 | yóuyǒng | 동 수영하다 |
| 538 1급 | 有 | yǒu | 동 있다 |
| 539 3급 | 有名 | yǒumíng | 혱 유명하다 |
| 540 3급 | 又 | yòu | 뷔 또 |
| 541 2급 | 右边 | yòubian | 몡 오른쪽, 우측 |
| 542 2급 | 鱼 | yú | 몡 생선, 물고기 |
| 543 3급 | 遇到 | yùdào | 동 만나다, 마주치다 |
| 544 3급 | 元 | yuán | 먕 위안[중국의 화폐 단위] |
| 545 2급 | 远 | yuǎn | 혱 멀다 |
| 546 3급 | 愿意 | yuànyì | 동 원하다, ~하길 바라다 |
| 547 3급 | 越 | yuè | 뷔 갈수록, 점점, 더욱더 |
| 548 1급 | 月 | yuè | 몡 월, 달 |
| 549 3급 | 月亮 | yuèliang | 몡 달 |

| 550 2급 | 运动 | yùndòng | 명 동 운동(하다) |
| --- | --- | --- | --- |

**Z**

| 551 1급 | 在 | zài | 동 ~에 있다 개 ~에(서) |
| --- | --- | --- | --- |
| 552 2급 | 再 | zài | 부 다시, 또, 더 |
| 553 1급 | 再见 | zàijiàn | 동 잘 가, 또 만나 |
| 554 2급 | 早上 | zǎoshang | 명 아침 |
| 555 1급 | 怎么 | zěnme | 대 어떻게 |
| 556 1급 | 怎么样 | zěnmeyàng | 대 어떠하다 |
| 557 3급 | 站 | zhàn | 동 서다, 일어서다 |
| 558 3급 | 张 | zhāng | 양 장[얇은 종이나 사진 등을 세는 단위] |
| 559 3급 | 长 | zhǎng | 동 (생김새가) 생기다 |
| 560 2급 | 丈夫 | zhàngfu | 명 남편 |
| 561 3급 | 着急 | zháojí | 형 초조해하다, 조급해하다 |

| | | |
|---|---|---|
| **562** **2급** 找 | zhǎo | 동 찾다 |
| **563** **3급** 照顾 | zhàogù | 동 돌보다, 보살펴 주다 |
| **564** **3급** 照片 | zhàopiàn | 명 사진 |
| **565** **3급** 照相机 | zhàoxiàngjī | 명 카메라, 사진기 |
| **566** **1급** 这 | zhè | 대 이, 이것 |
| **567** **2급** 着 | zhe | 조 ~하고 있다, ~한 채로 있다 |
| **568** **2급** 真 | zhēn | 부 정말 |
| **569** **2급** 正在 | zhèngzài | 부 마침 (~하고 있는 중이다) |
| **570** **3급** 只 | zhī | 양 동물을 세는 단위, 쌍을 이루는 사물의 한쪽을 세는 단위 |
| **571** **2급** 知道 | zhīdao | 동 알다, 이해하다 |
| **572** **3급** 只 | zhǐ | 부 오직, 단지, 겨우 |
| **573** **3급** 只有… 才… | zhǐyǒu… cái… | 접 오직 ~해야만 ~하다 |
| **574** **1급** 中国 | Zhōngguó | 고유 중국 |

| | | | |
|---|---|---|---|
| **589** 3급 | 自行车 | zìxíngchē | 몡 자전거 |
| **590** 3급 | 总是 | zǒngshì | 閂 늘, 언제나 |
| **591** 2급 | 走 | zǒu | 동 가다, 걷다 |
| **592** 3급 | 嘴 | zuǐ | 몡 입 |
| **593** 2급 | 最 | zuì | 閂 가장 |
| **594** 3급 | 最后 | zuìhòu | 몡 맨 마지막, 최후 |
| **595** 3급 | 最近 | zuìjìn | 몡 요즘, 최근 |
| **596** 1급 | 昨天 | zuótiān | 몡 어제 |
| **597** 2급 | 左边 | zuǒbian | 몡 왼쪽, 좌측 |
| **598** 1급 | 坐 | zuò | 동 앉다, (교통수단을) 타다 |
| **599** 1급 | 做 | zuò | 동 하다, 만들다 |
| **600** 3급 | 作业 | zuòyè | 몡 숙제 |